3日で自発的に動く子になる!

信頼声かけ

小児科看護師／育児アドバイザー
下村弥沙妃 著
イラスト こげのまさき

Gakken

はじめに

15年間で1万人が認めた声かけ！　3日は試してください

「うちの子、なかなか言うことを聞いてくれないんだけど……」

本書を手に取ってくださった皆様は、きっとこのように思っていることでしょう。

本書がテーマとする「子どもへの声かけ」ですが、今までいろんな本やサイトや専門家のお話から情報を入手しても、思い通りにならなかった方も多いと思います。

でもご安心ください！　私も多くの声かけを調べ、実践してきた上で、うまくいかない声かけと、うまくいく声かけを研究してきて、**実際に使ってうまくいったものばかりを集めたのが本書**であるからです。

しかも**ダメな声かけの例と正しい例を、全部で必ず比較するようにもしています。**ダメな例は、多くの親御さん（以下、簡単に「親」と表現させていただくことも）がついつい言ってしまうフレーズを中心に集めています。「えっ、この声かけ、ダメだったの……!?」とショックを受けることがあるかもしれませんが、その分、正しい声かけがいっそう頭に入りやすくなります。もちろん、ダメな理由と正しい理由も、しっかり解説しています。すぐ腑《ふ》に落ちる声かけもあれば、最初のうちはなかなか理解できない声かけもあるかもしれません。ただ私はこれまで**15年間で1万人以上にアドバイスしてきて、実績を積んできたことを基にしています。**決して机上の空論ではありません。

最初のうちは「これで本当に正しいのかな?」といぶかしく思う親もいらっしゃいます。でも私は必ずこのように言います。**「だまされたと思って、3日は試してください」**と。

すると、「先生! 本当に言うことを聞いてくれるようになりました!!」と、実に多くの方が報告に来られます。ですので、ぜひ私を信じて、本書をご活用くだされば幸いです。

「信頼関係を作る→お願いを伝える」の順番が超大事!

私がここまでなぜ自信を持って言い切れるのか? それは、従来にはない方法を取り入れているからです。

では本書では、何を大事にしているのか? それは**「親子間で信頼関係を作ることから**

始める」ことを第一にしている点です。そのために声かけを効果的に使うのです。ですので本書で推奨する信頼関係構築のための声かけを、本書のタイトルにもしていますが**「信頼声かけ」**と呼ぶことにしました。

「信頼関係なんてきれいごとでしょ？　現実を見ていないよ」「そんなに簡単に、信頼関係なんて結べないよ」と思われた方もいらっしゃるかもしれません。

でも断言します。そんなことは決してありません。**声かけだけで、信頼関係は思う以上に簡単に結ばれる**のです。

もちろん最初からうまくいくこともあれば、何度もすることでやっとうまくいく場合もあります。親も子も人間ですし、各人で個性もあれば、環境も人それぞれなので、100%うまくいく方法なんてありません。

でも他の方法よりも、圧倒的に高い確率でうまくいくはずです。その成功体験は、今まで私がアドバイスしてきた親たちから何度も聞いています。どうぞご安心ください。

そして**信頼関係さえできてしまえば、子どもは面白いほど親の言うことを聞いてくれます。**本編でも何度も触れていきますが、この「信頼関係構築から入る」という**順番がすご**

く大事なのです。

いきなり正論をぶつけても、子どもは、というより相手が大人であっても、なかなか話を聞いてくれません。でも信頼関係さえあれば、聞く耳を持ってくれるのです。

以上から、「信頼関係構築→してほしい行動を促す」という流れを踏めばいいわけですが、具体的に何と言ったらいいのか分からないと思います。

そういった声も、多くの親から寄せられました。ただ、これらを**「いっぺんに済ませられる魔法のような言葉（フレーズ）」が存在する**のです。

それを本書では正解として示すと同時に、多くの親が言いがちなNGフレーズも比較することで、いっそう理解が深まるようにしました。

例えば、子どもが宿題をなかなか家でしてくれないというのは、本当によくあるシーンかと思います。そんな時、子どもにどんな声かけをするのか？　一緒に考えてみましょう。

もしかして、こんなことを言ってませんか？

「宿題が終わるまで遊びに行ってはいけません」

「宿題が終わるまでおやつは抜きよ」

実はどちらもNG。

正解は「宿題はおやつの前にする？　後にする？」となります。

子どもに対して「あなたには、自分で選択する能力も、それを実行する能力もあると信じているよ」という信頼を伝えることで、子どもは勇気づけられ行動に移すことができるのです。この例は後ほど出てくるので、また詳しく解説しますね。

従来の声かけの2大問題点

育児では、声かけに注目することは、以前から行われてきました。ただ、従来の声かけで課題になっていたことを、私なりに分析したので、簡単にご説明したいと思います。

まずは、**「子どもに、いかにその気にさせるのか」に終始するものが多かった**気がします。「おやつやおもちゃなどをご褒美《ほうび》にする」は、よくある話。実は子どもは、そんな簡単に騙《だま》されませんし、何度も続きません。ご褒美がないとしなくなったり、しまいにはご褒美があってもしなくなったり、子育てとしては不健全だといわざるを得ません。おもちゃなどを用意する必要があり、金銭的にも**続けられる方法だとは言い難い**でしょう。

その他では、**どう言いくるめるか。**つまりは子どもをいかに論破するかに焦点が当たっていた気がします。十分に納得しないまま親の言いなりになった子どもは、その行動を継続できませんし、**親子関係も悪くなる一方**です。

実際にいくつか、私が疑問に思った声かけの例を出してみましょう。元の資料から変えていますが、ニュアンスや基本的な考え方は残してあります。どれも正解（○）として挙げているものが、本当に正解なのか疑ってしまいます。

例）朝なかなか起きない子どもに
×「早く起きないと遅れちゃうでしょ！」
○「10数えるうちに起きないと、くすぐっちゃうぞ」
⬇根本的な解決につながりません。いつまで経っても自分で起きるようにならないばかりか、朝自分で起きなければ親に構ってもらえるという間違った認識と経験を積むことにもなります。そうなった時、朝の忙しい時間に毎日これをやる余裕が親にはあるでしょうか？

例）夜更かしする子どもに
×「もう寝る時間だよ。早く寝なさい！」
○「今日早く寝て、明日思いっきり遊ばない？」
⬇これも、根本的な解決になりません。早く寝ることと翌日遊ぶことは全く別の話。その場しのぎの対応なので、もし次の日に遊ぶ予定がなければ通用しませんよね？

例）自分でできるのに、やりたがらない子どもに
×「自分でできるでしょ！」
○「今日だけはやってあげるね。次は自分で頑張ろう」
⬇自分でやらなければ、文句を言われながらも親は自分に構ってくれるという、誤った認識と経験を積むことになります。裏を返せば、自分で何でもやれると親は構ってくれなくなると認識し、自立から遠ざけることになりかねません。

例）きょうだいゲンカをする子どもに
×「もう、いい加減にやめなさい！」

○「どっちも嫌なことあったよね。じゃあ、せーので『ごめんね』『いいよ』しよう」

⬇「どっちも」とまとめられると、子どもは自分が大切にされていないと感じます。子どもの意思を無視して「ごめんね」「いいよ」を言わせるのは、大人の誤った対応の代表例。

例）朝の支度が遅い子どもに

○「早くしてくれないと、ママが仕事に遅れてすっごく怒られちゃう！」

⬇親の都合での脅しをされると、子どもは自分が大切にされていないと感じます。そもそも、この時に親は子どもに何を伝えたいのか分からず、しつけの要素を感じられません。

例）寒い日に上着を着るのを嫌がる子どもに

○「（子どもの好きなキャラまねで）もしもし〜。ジャンパー着てくれますか〜？」

⬇実用的ではありません。出かける前の忙しい時間、既に自分と子どもの準備と段取りで手いっぱいの親に、キャラまねをする余裕を求めるのは酷であり、親に寄り添っているとはいえません。

例）歯磨きを嫌がる子どもに

○「磨いた後、○○ちゃんの好きなダンス踊ろうか？　楽しみだね～」

⬇根本的な解決になっていません。もし、子どもがダンスを踊るのを嫌がったら？　夜、歯磨きをする時間帯は親も疲れていることが多いので、ダンスをする気力と体力があるとは考えにくいでしょう。日中の保育現場ならうまくいくかもしれませんが、家庭では不向きです。

例）風邪気味なのに雪遊びをしたがる子どもに

○「お熱出たら、一人でいなきゃやだよ。ママと離れたくないでしょ？」

⬇このような脅しは望ましくありません。

例）友だちに嫌なことをされたのに、仕返ししなかった子どもに

○「仕返ししなくてえらいね。ママも嬉しいよ」

⬇子どもの気持ちに全く寄り添おうとせず、仕返しをしないことが正しいという親の決め

つけで評価する、典型的な間違った対応の例。この親に育てられた子どもは、大人の正解を探すことがうまくなり、自己表現ができなくなります。

例）お風呂の戸を開けて、脱衣所をシャワーで水浸しにした子どもに
○「（怒った後で）お風呂の外がビチョビチョになると、ママの掃除する場所が増えるんだよね」

⬇まず、怒ることではありません。しかも、「子どもが汚す→親が掃除をする」を当然と思い込んでいること自体が、子どもを無能扱いしています。汚したら掃除すれば良く、掃除の仕方を子どもに教えることが、子どもの能力に対する信頼であり、自立へつなげる対応の仕方となります。

以上から、従来の多くの声かけの問題点としては、次のように考えられます。

- その場しのぎで根本的な解決にならない
- 実用的ではない
- 保育現場では有効でも、家庭向きではない

- 親の誤った価値観を子どもに植えつけている
- 既に頑張っている親に寄り添っていない
- 親の気持ちが置き去りになっている

一方で、私の目指す声かけは、次の通りです。

- **親に寄り添う**
- **親が選択の連続の中で、ベストな方法を探し続けて今日があることに理解を示す**
- **親子で自己肯定感アップ!**
- **お金がかからない**
- **道具がいらない**
- **場所を選ばない**
- **とにかく、ラクに!　楽しく!!**
- **誰も犠牲にならない**
- **信頼構築をベースにした子育て法**

なお、本書で登場する声かけで「お母さん」としてあるところは、「お父さん」「パパとママは」などにも置き換えは可能です。ただ全部を「お母さん（ママ、お父さんとも）」などと記述すると読みにくいでしょうから、本書では「お母さん」で基本は統一します。

小児科現場での経験、複数の資格を通じて得た知見を総動員

ところで声かけは、育児の一つの手段に過ぎません。でも、その効果は絶大です。

しかも声かけをしたら、**あとは放っておくだけで、子どもがどんどん自立して、活動していく**のです。

そして何より、お金がかかりません。だって、声をかけるだけですから、当たり前ですよね！　こんな便利な道具を、使わない手はないでしょう。

そもそも、なぜ私が声かけに注目したのか、いったんお話ししたいと思います。

元々小児科の看護師として、長年現場で働いてきました。私のような看護師のほか、医師や親の言うことをなかなか聞いてくれない子どもをどうするかを、専門知識も活用しつつ現場で実践してきました。

専門知識として、いろんな勉強をし、資格を取得したりしてきました。

資格としては、看護師はもちろん該当しますが、他にも「児童発達支援管理責任者（令和四年基礎研修）」「強度行動障害支援者」「チャイルドマインダー」「メンタルトレーナー」「食育インストラクター」「STEPリーダー」「AVATARAカラーセラピスト」「HSPカウンセラー」。一見するとあまり関係なさそうなものもあるかもしれませんが、資格取得を通じて得た知見は、いずれも育児にも使っています。

現在は、株式会社マインドプラスアカデミーode代表取締役を務める傍ら、一般社団法人保育福祉サポート協会統括主任として、発達支援を必要とする子どもとそのご家族のサポートも行っています。マインドプラスアカデミーodeでは育児セミナーを中心に、「子供から大人まで、心と体の健康をサポート。なりたい自分になるお手伝い」を掲げた活動をしています。

ラクして楽しく！　1年で長男が灘中、次男が滝中に合格

そして、いざ我が子を授かった時に強く思ったのが、**「とにかくラクして、世界一楽しいと思える子育てをしよう！」**。**そうなった時に、うってつけの道具が声かけ**だったので

す。そんな経験も踏まえて、実際に効果があったもの、一方で効果が出なかったり逆効果になってしまったりしたものを、一つ一つ検証し編み出されたのが、本書の声かけとなります。

15年間で1万人に指導をしてきて、満足度も高い結果が得られています。

それと、私には息子が二人いますが、**長男が灘中に1年で合格、次男は滝中に合格**しました。**二人とも中学受験を目的にずっと勉強ばかりしてきたわけではありません。**

長男はエレクトーンに夢中になっていて、本格的に志望校を目指して勉強を開始したのは受験1年前になってからでした。次男なんてむしろ、勉強が本当に嫌いでした。私は決して勉強を押し付けたわけではなく、むしろ、「勉強しなさい」と言ったことはほとんど記憶にありません。**したことといえば、本当に声かけ程度**だと思います。私や夫がスパルタ教育をしていたわけではなく、二人とも自らが目標を設定して受験を希望しました。

補足しますと、灘中は関西だけでなく日本全体で見ても最難関校といわれていて、内部進学で進む灘高校は東京大学理科三類（実質、医学部に近く、偏差値は最も高い）に毎年のように日本で最も合格者を出しています。滝中は愛知県にあり、東海地区では偏差値トップクラスの共学の私立校です。自慢みたいなのであまり雄弁に語るのは抵抗がありましたけど……、ご存じない方も多いと思いますので、参考になりましたら幸いです。
普段の会話も少し工夫はしましたが、それは月に1回くらい、簡単な会話をした程度。そのことも後に詳しく解説しますね。どの家庭でも、どのお子様でも、簡単にできることです。

繰り返しになりますが、本書で取り上げた声かけは、根底に「子どもを信頼するところから始めて、親子で強固な信頼関係を構築し、その上で正しい行動や考えに、子どもを導く」としています。

本書を読み進めることで、その考えがどんどん身に付いてくるはずです。そうなればしめたもの。紙面に限りがある都合で今回取り上げなかった場面に遭遇しても、**この考えが身に付いていれば、自然と正しい声かけができるはず**です。
本書の「信頼声かけ」を通じて、一つでも多くの家庭、さらには学校や幼稚園・保育園、小児科をはじめ子どもを預かる施設全般で、大人と子どもとのコミュニケーションが円滑になり、子どもが自己肯定感を高くして自立し、あらゆることに挑戦していくように育つことを、願ってやみません。

２０２５年2月　小児科看護師／育児アドバイザー　下村弥沙妃

目次

はじめに

第1章　宿題

第2章 勉強

第3章 ゲーム スマートフォン

第5章 身支度 入浴

第6章 片付け

第7章 睡眠

第8章

学校生活

第9章 小遣い

第10章 習い事

第11章 きょうだいゲンカ

第12章 反抗期

第13章 トラブル

装丁デザイン　市川さつき
本文デザイン・DTP　荒木香樹（コウキデザイン）
校　正　豊福実和子
企画協力　吉田幸弘

第 1 章

宿題

宿題がいつの間にか、親の責任になってしまっている……

毎日のように学校や塾から出される宿題。日々親を悩ませる問題の一つですよね。

「毎日のことなんだから、いい加減に自分から宿題に取り組んでほしい」

「さっさと終わらせて、ゆっくり遊んだり夜ご飯を食べたらいいのに……」

「ゲームの前に宿題を済ませると約束したのに、いつも後回しになって親子ゲンカになる」

「丁寧にやってほしいのに、適当に済ませるから全く進歩がない」

宿題一つでも、親を悩ませる数々の子どもの言動。毎日となると、本当にうんざりするものです。

何とか解決する方法はないかと、あの手この手で工夫を凝らして、子どもに接している方も多いのではないでしょうか。

そこで、**宿題についての声かけをする時にまず心がけたいのは、子どもを「宿題の主体にする」ということ。**子どもに**「宿題を、自分のこととして認識させる」**という意味です。

宿題のお悩みを抱える親の多くは、子どもの宿題を自分事、つまりは親のことと捉えてしまっているのです。これは、宿題の主体が親になってしまっている状態ということになります。

「いえいえ、宿題は子どものもの。そんなの当たり前じゃない？　分かってるよ」。そんな声がたくさん聞こえてきそうです。ただ、本当の意味で分かっている親は、どのくらいいらっしゃるでしょうか？　要は、意識の問題なのです。

「言わないとやらないから仕方ないじゃないか」。そんな声も聞こえてきそうですね。

実は、子どもたちはそんな親の思いを潜在意識で知り尽くしていて、**宿題をきっかけに決定権の取り合い【決定権争い】に親を引きずり込んでいる**のです。

なぜでしょう？　それは、**子どもが決定権を握ることで、家庭での揺るぎないポジションを獲得するため**です。

子どもは、家庭の中で自分という存在を一生懸命アピールします。それは、生まれながらに持った、生きるための本能でもあるのです。これは潜在意識でしていることなので、子ども本人も意識していない領域になります。

「宿題をやらせなくちゃ」「宿題をちゃんとやるまで見ていなくちゃ」。親がそう思った時点で、宿題に関する決定権争いは始まってしまいます。そう、宿題の決定権争いは、実は親から始めていることがほとんどなのです！

ここでは、そんな宿題にまつわる身近な問題を解決する声かけを紹介していきます。

1 宿題を嫌がる子どもへの声かけ

✕「宿題をやりなさい！」

〇「宿題なんて、やりたくないよね」

✕「宿題をやりなさい！」

この声かけは、宿題という決定権争いに親を引きずり込もうとする子どもの思惑にまんまと引っかかっている、典型的な例です。

ちょっと宿題をサボれば、親は積極的に決定権争いに参戦してくれる。子どもにとっては絶好の場面なのです。

さあ今日からは、そんないとも簡単な挑発に乗るのはやめましょう。次のように言えばいいのです。

「（学校〈塾〉でたくさん勉強してきたのに、帰ってきてまで）宿題なんて、やりたくないよね」

「宿題をやりたくない」という子どもの気持ちに寄り添うことで、宿題の主体は子ども自身であることをしっかりと認識させることができます。

そしてもう一つ、この寄り添いの声かけをすることで、子どもはあるがままの自分を受け入れてもらったという安心感が芽生え、自ら宿題に向かう心を育むことができるのです。

「こんなこと言ったら、本当に宿題をやらないから困る‼」。そんな悲鳴が聞こえてきそうですね。

では、宿題をやらなくて困るのは誰でしょう？　宿題の主体は、そもそも誰ですか？

もし宿題をやらなくて困ることがあるなら、**一番困るのは、主体である子ども本人**なのです。宿題をやらなくて困るという経験を子どもから奪《うば》うことは、宿題の主体を親が奪うということなのです。

「宿題をやらなくてはいけない」「やったほうが良い」。これまでの経験から、子どもはそのことはちゃんと頭では分かっています。だからこそ、やらなかった時に起きることを、主体として経験してもらうことが必要なのです。

親がやるべきことは、子どもの宿題の主体を請け負って、いつまでも子どもの経験を奪うことではなく、そんな**子どもの能力を信じて成長に期待し見守ること**です。

ただし、根気は必要。これまで親が主体だった場面で、主体をいきなり替えられたら子どもは戸惑いますからね。

② 宿題をなかなかやらない子どもへの声かけ

✕「宿題が終わるまで遊びに行ってはいけません」

✕「宿題が終わるまでおやつは抜きよ」

○「宿題はおやつの前にする？　後にする？」

家に帰ってきてもダラダラして、なかなか宿題をやろうとしない子ども。

「おやつを食べてから」「遊んでから」「ゲームをしてから」「ご飯を食べてから」――まあ、子どもの口から出てくるのは、宿題を後回しにする理由ばかり。

学校や塾から帰ってきて疲れているだろうと後回しを許したのにもかかわらず、いつまで経っても宿題をやる気配はない。

いよいよ寝る時間になって、ようやくのんびりと宿題をやり始める子どもを見ると、親は我慢の限界！　怒り爆発‼という経験をしたことのある親も多いのではないでしょうか。

そんな宿題をなかなかやらない子どもへの、効果的な声かけをご紹介します。

×「宿題が終わるまで遊びに行ってはいけません」

×「宿題が終わるまでおやつは抜きよ」

これらの声かけをすると、宿題の主体が親になってしまうのは、もうお分かりですよね。

さらには、宿題と関係のないことで罰を与えてしまっていることにお気づきでしょうか？　「宿題」と「遊びに行くこと」。「宿題」と「おやつ」。これらは全く別のことです。

このように、つながりのないことで子どものやりたいことを制限をすると、子どもはまるで罰を受けている気持ちになります。子どもにとっては、全くの理不尽。反発したくなる気持ちも分かりますよね。

これでは、子どもが納得してさっさと宿題をやるとは到底思えません。では、どんな声かけが効果的でしょう？

「宿題はおやつの前にする？　後にする？」

おやつを、罰の道具として使うのではなく、行動を起こす動機づけの選択肢として登場させるやり方です。

この声かけには、親から子どもへ、**能力に関する信頼のメッセージが二つ含まれています。一つは、あなたには自分で行動を決められる能力があるというメッセージ。もう一つは、子ども自身で宿題をやり遂げられると信じているというメッセージ**です。信頼されたと感じた子どもは、みるみるとやる気が出てきます。

そんなことで？と疑問に感じるかもしれません。

また、ある日突然この声かけをされた子どもは戸惑って、わざと宿題に手を付けようとしないなど、親を試すようなことをするかもしれません。

でも、「うちの子には無理だった」と思わずに、**習慣になるまで続けてみてください。**

さらに、**「今まであなたの宿題のやり方に口出ししてしまってごめんね。もう、あなたは自分でいつ宿題をやるか決められると思うの」。こんなふうに言ってみるのもお勧め**です。

③ 宿題を丁寧にやらない子どもへの声かけ

✕「もう一度、丁寧にやり直しなさい」
○「満足にできているかな？」

次に、宿題を丁寧にやらない子どもへの声かけを考えていきましょう。

字が汚い。枠からはみ出ている。乱雑で何が書いてあるか分からない――そんな様子を見ていると、親としては黙って見過ごせないもの。

口うるさくして勉強嫌いにしてはいけないと分かっていても、ついつい口出しをしてしまうという親も多いのではないでしょうか。

✕「もう一度、丁寧にやり直しなさい」

子どものためを思って言っているこの言葉が、なぜいけないのでしょう？　理由は主に次の二つ。

第一に、これも**勉強の主体を子どもから奪ってしまう言葉である**こと。

第二に、丁寧にやらなければ**決定権争いに親を巻き込むことができる**という、子どもに誤った経験を与えてしまうこと。

そこで、こんな声かけをしましょう。

「満足にできているかな？」

この声かけで、**子どもを宿題の主体にさせることができます。**

そして、自分の行動が満足な結果を作り出しているか？と、自分自身と向き合う機会を作ることができます。

「今、自分の心は満足な状態なのかな？」「満足な心を作り出せているのかな？」――この声かけで、子どもは自分自身の心の状態を確認します。

このことは、他人の評価ではなく自分自身の価値観で行動を起こしていくという、**自分軸を育むトレーニングの第一歩にもなります。**

宿題の場面にかかわらず、人生を歩む上でとても大切な機会となるので、ぜひ使ってみてください。

4 間違いを指摘されたら逆切れする子どもへの声かけ

✕「教えてあげているのに、親に対してその態度は何ですか」

○「間違いを言われるのが嫌なのね」

子どもの宿題に間違いを見つけたら、親としては正しく直してあげなくてはと思いますよね。そこで間違いを指摘すると、逆切れする子ども。

せっかく教えてあげているのに、感謝されるどころか逆切れされるとは、親はたまったものではありません。親としては「もう、やってられない‼」とお手上げになる方もいらっしゃることでしょう。

✕「教えてあげているのに、親に対してその態度は何ですか」

態度の悪い子どもを見ていると、こうも言いたくなりますよね。でも、この言葉が解決につながらないことは既に経験済みでしょう。

では、何と声をかければいいのでしょうか？

「間違いを言われるのが嫌なのね」

子どもは、「間違えることが嫌」なのではなく、「間違いを指摘されることが嫌」なのです。この違い、分かりますか？

この声かけをされた子どものほとんどは、「うん」と素直に認めます。そうしたら、**「お母さん（お父さん）が次に間違いを見つけた時は、黙っていてほしい？　それとも、間違いを教えてほしい？」と、尋ねてみましょう。**

1）子どもの気持ちに寄り添う
2）子どもがどうしてほしいかを、子ども自身に選択させる

この、二段階の声かけは、子どもとの信頼関係を育むのにとても効果的です。

ただし、子どもが選択したこと（間違いを指摘するかしないか）を、親はちゃんと実行してくださいね。そうすることで子どもは、自分が選んだことの結果を体験し、少しずつ責任感を覚えていくことができるのです。

5 宿題を持ち帰ってこない子どもへの声かけ

× 「宿題を学校に取りに行ってきなさい」

× 「明日怒られないように、先生に電話してあげるね」

○ 「宿題を持ち帰ってないみたいだけど、大丈夫？」

宿題をやっている気配がない。そこで子どもに聞いてみると、学校に忘れたと言う。こんな時、「宿題をやりたくないから、わざと学校に置いてきたのではないか」と疑いたくなる親も、多いのではないでしょうか。

そうではなかったとしても、何とかして宿題をやらせなくちゃと焦る親もいらっしゃるでしょう。

こんな時は、どんな声かけをするのが良いのでしょうか。

× 「宿題を学校に取りに行ってきなさい」

× 「明日怒られないように、先生に電話してあげるね」

どちらも、宿題の主体が親になってしまっていることは、よく分かりますね。

そして、「宿題を学校に取りに行ってきなさい」と、子どもに行動を指示したり、「明日怒られないように、先生に電話してあげるね」と子どもが困らないように予め解決すること。これらの、先回りの親の言動は、実は、**子どもの自立を最も遅らせてしまいます。**

なぜなら、「あなたには解決する能力がない」というメッセージを潜在意識に植えつけているからです。要するに、**「あなたに解決する能力がないから、私が解決してあげてるのよ」と、子どもを無能扱いしている**のです。こんなメッセージを受け取った子どもは果たして、次からは自分自身で解決しようと思うでしょうか？

「宿題を持ち帰ってないみたいだけど、大丈夫？」

この声かけは、本来は宿題の主体である子どもに、**「あなたはこの問題を自分で解決する能力がある」と、能力への期待と信頼のメッセージを送ることになります。**先ほどのメッセージとは真逆ですね。

親が育むべき子どもの力は、「能力そのもの」よりも、「能力を発揮するための自信」なのです。そうすることで、次からは自分自身で問題を解決しようという心が育ち、結果として解決能力も身に付いていきます。

6 すぐに集中力が切れる子どもへの声かけ

✕「集中しなさい！」
○「どうしたら集中できそうかな？」

やっと宿題を始めたと思ったら、すぐに集中力が切れてボーっとしたり、他のことを始めたり……。

これもまた親を悩ませる問題ですね。どうしてうちの子はこんなに集中力が続かないのかしら？　勉強に向いていないのでは？　そう心配になる親もいらっしゃるでしょう。

でも、考えてみてください。好きなこと、得意なことにはきっと時間を忘れて集中していますよね。なぜなら楽しいから。

ということは、楽しいと思えるなど何でもいいので、「宿題に集中する理由＝メリット」を、子どもに感じてもらえればいいわけです。

✕「集中しなさい！」

そう言いたくなる気持ちは、とてもよく分かります。

でも、そう言われて集中できる子どもを見たことがあるでしょうか？ ありませんよね。一瞬集中したとしても、そう長くは続かないでしょう。

では、どのような声かけが効果的でしょうか？

「どうしたら集中できそうかな？」

この場合、集中する場面を自分で作り出す絶好のトレーニングの場だと考えてみましょう。これは、**「あなたは集中することができる」という信頼**が大前提で、さらに**「あなたなら、自分で集中する場面を作り出せる」**といった、**二つの能力に対する信頼を伝えることができる**のです。

そして、集中して宿題をいつもより短時間で終えられた時には、こんな声かけをしてみましょう。

「集中して宿題ができたから、いつもより早く終わったね！ 早く終わった時間で、今から何がしたい？」

こう言うことで、**宿題に集中することのメリットを、子ども自身にしっかりと感じても**

らうのです。このことは子どもにとっては成功体験となり、さらには自分自身への自信を育むことにつながります。

7 文句を言いながら宿題をやる子どもへの声かけ

✕「つべこべ言わずにやりなさい」

〇「毎日宿題が出て、文句も言いたくなるよね」

あれこれ文句を言いながら宿題をやる子ども。見ている親としては、すごく不快ですよね。

宿題の主体を子どもに託したとはいえ、子どもが文句を言っているのが聞こえると親にまでイライラが伝染します。文句を言ったところで宿題はなくならないのにと、ため息が出ることもあるでしょう。

✕「つべこべ言わずにやりなさい」

こうも言いたくなりますよね。

しかし、そう言われて黙って宿題をやる子どもは稀だと思います。むしろ、余計に騒ぎ立てる子どももいるのではないでしょうか？

では、そんな子どもにはどんな声かけが効果的でしょう？

○「毎日宿題が出て、文句も言いたくなるよね」

文句が言いたい気持ちに寄り添ってあげることで、子どもは「自分が認めてもらえた」「文句を言う自分も受け入れてもらえるんだ」と、自分自身の存在価値を感じることができます。

そうして初めて、正しい行動＝宿題に向き合うことができるようになるのです。

つまり、**正しい行動を起こすには、自分自身の存在に対する自信が不可欠**なのです。

8 宿題をやっていないことが発覚した時の声かけ

×「宿題やってないでしょ！」

○「最近宿題をしているところを見ないけど、大丈夫？」

あろうことか、宿題をやっていないことが発覚した時、親はびっくり！　一日だけなら「忘れていただけかな？」と見過ごせるものの、何日も続いていたら、これは確信犯……。何が何でも子どもに宿題をやらせなくては！と、必死になってしまう親もいらっしゃるでしょう。

でも、想像してみてください。鼻息を荒立てて宿題をやっていないことを白状させ、やるまで見張っているあなたの姿を。それはまるで、犯人を捕まえて白状させる刑事のようです。

これで良好な親子関係を築くことができるでしょうか？　どう考えても答えは「ノー」ですね。

✕「宿題やってないでしょ！」

そう言いたくなる気持ちは分かりますが、ここは一旦冷静になりましょう。

子どもに限らず、こんなふうに言われたら、たとえ宿題をやっていなくても「宿題やったよ！」と嘘をつかれてしまうのが関の山。これでは、何の解決策にもならないばかりか、宿題を巡っての決定権争いの始まりです。

では、どんな声かけをするのが良いのでしょうか？

「最近宿題をしているところを見ないけど、大丈夫？」

この声かけは、**宿題の主体は当然あなた（子ども）であり、親はあくまでもサポート役であることを強く認識させることができます。**

そして、**「大丈夫？」と心配する声かけは、子どもに寄り添い**「あなたの味方だよ」「あなたを応援しているよ」というメッセージとなります。子どもは安心感から自信を深め、正しい行動に向かう勇気を持つことができるのです。

第2章

勉強

勉強はそもそも手段でありゴールではない

子どもの勉強や成績に関するお悩みで、私のところにご相談に訪れる親御さんは後を絶ちません。勉強に対する子どものやる気や姿勢、成績の良し悪し、受験勉強などなど。あらゆる勉強に関するお悩みは尽きませんよね。

ここでは、第1章のテーマである「宿題」以外の、そんな勉強に関する子どもへの関わり方について考えていきましょう。

勉強についての子どもへの関わり方についてはまず、「何のために勉強をするのか？」「なぜ勉強をしなくてはならないのか？」について考えることにします。

この質問に対する答えは、人それぞれだと思います。「良い成績を取るため」「良い大学に入るため」「立派な大人になるため」「将来良い会社に就職するため」。中には、「そういうものだから」とだけ、答える方もいらっしゃるでしょう。

では、なぜ、良い成績を取る必要があるのでしょうか？　なぜ、良い大学に入れたいのでしょうか？　**その先を考えてみたことはありますか？**　ただ、「勉強することが当たり前」「成績は良くなければならない」、そう思っていませんか？

なぜ勉強をするのか？に対する答えは人それぞれですが、親ならほとんどの方が共通する子どもへの思いがあります。

それは、**「子どもに幸せになってほしい」**ということ。少なくとも、本書を手に取ってくださった方は、例外なくそうだと思います。


ではここで突然ですが、登山の話をしましょう。山を登る人に、「なぜあなたは、登山をするのですか？」と尋ねたら、どんな答えが返ってくるでしょう。

「頂上からの絶景を見るため」「登頂して朝日を見るため」「山で飲むコーヒーは絶品だから」、その答えは人それぞれですよね。

では、「なぜ絶景が見たいのですか？」「なぜ朝日を見たいのですか？」と尋ねたら、どうでしょう？「感動や達成感を味わいたいから」「日常では感じられない喜びを求めているから」、そんな答えが返ってくるでしょう。これこそが、登山をするゴール＝目的なのです。

つまり、山に登る人は、その喜びや感動、達成感を得るために「登山」という手段を選んだ、ということなのです。

とはいっても、登山をしなければ、人生において喜びや感動、達成感を感じることができないかというと、そうではありませんよね。そのための〝手段〟として、「登山」という一つの選択をし、行動したということなのです。

この登山におけるロジックは、勉強に当てはめることができます。

「幸せになる」というゴール＝目的のために、「勉強」という一つの手段を選択する、ということなのです。勉強ができなければ必ず幸せになれない、そうではないことは誰もが知っていることです。

それなのに、**勉強を〝手段〟ではなく〝ゴール〟に設定していませんか？** そうでないとしても、子どもへの関わりから、子どもへそう認識させてしまっていませんか？

登山の話に戻りましょう。

山を登っていると、その道中は決してラクなことばかりではありません。大きな山になればなおさらでしょう。「あと100メートル歩いたら休憩しよう」と小さな目標を作ったり、街中では見られない草花を見て癒されたり、大変な中にも小さな喜びや楽しみを設定して一歩一歩、頂上を目指すことでしょう。

もう、お分かりですね。

同じく勉強も、小さな目標や楽しみを見つけながら、**勉強という手段を使って、幸せというゴールを目指していく。**

その山は、小さい山（小テストや漢字テストなど）の時もあるし、大きな山（模擬試験や入学試験）の時もある。小さな山から練習を重ね、大きな山を目指していく。**その時々の山の大きさに応じた準備や、創意工夫が必要になります。**

こう捉えることができたら、子どもの勉強

への関わり方が何だか変わってくる気がしませんか？

「でも、勉強はできないよりできたほうが良いですよね！」。そんな声が聞こえてきそうですね。

もちろん、手放しに「勉強なんてできなくてもいい！」と言っているわけではありません。学問は、先人たちが膨大な時間と労力をかけて築いてきた世の中の仕組みを知る知恵の温床ですから、勉強することは、その知恵を分け与えてもらうようなものです。

そして何よりも、知らなかったことを知ったり、分からなかったことが分かるようになることは、人間にとって、とても大切な成長の過程になり、そのこと自体に感動や喜びを感じます。そして人生の楽しみや喜びが広がり、選択肢が増えていくのです。

だからこそ、勉強を苦しいものにするのではなく、人生を幸せにする手段としてより効果を高めていける関わり方が望ましいのです。

勉強をそのような位置づけにしてもらうための、子どもへの声かけをこれからお伝えしていきましょう。

1 成績が悪くて落ち込んでいる子どもへの声かけ

✕「勉強が足りなかったんだから、仕方がないでしょ。次はもっと勉強しなさい」

✕「大丈夫よ。次頑張ればいいんだから」

○「頑張ったからショックなのね」

成績が悪くて落ち込んでいる子どもを見ると、勉強の量が少ないんだとか、勉強のやり方が悪いんだと、口出ししたくなる方もいらっしゃるでしょう。中には、いたたまれなくなって「大丈夫よ！」と励ましたくなることもあります。

ただこれらの声かけはどちらも、**子どもの気持ちに寄り添っているとは全く言えず、解決には向かいません。**

〇「頑張ったからショックなのね」

成績が悪くてショックを受けているということは、自分の頑張りに対して思うような評価がもらえなかったということです。

「落ち込むほど勉強していないから仕方ないじゃないか」と思う方もいらっしゃるでしょう。

でも、子どもはまだ経験が浅いのです。どのくらい勉強して、どのくらい努力したら成績に反映するのかを経験を通して知っていく。その過程にいるのです。登る山に必要な準備を試している段階、と捉えるようにしましょう。

そしてまずは、**落ち込んでいる子どもの気持ちに寄り添い、その過程を肯定的に見守ってあげることが良い**のです。

2 点数の悪いテストを隠す子どもへの声かけ

×「点数が悪い上に隠すなんて、本当に悪い子ね」

〇「テストを隠したくなるくらい悪い点数だと思ったの？」

✕「点数が悪い上に隠すなんて、本当に悪い子ね」

テストの点数が悪いと、親に答案を見せずに隠してしまう子どもがいる。これもよくある話です。

なぜ子どもは点数が悪いとテストを隠すのでしょうか？　多くの場合は、点数が悪くて怒られた経験がある。もしくは、点数が悪いことで何か不利益（クラスで恥ずかしい思いをしたなど）を被った経験があるからです。

そしてそれを繰り返していくと、テストが嫌いになることもあります。

そこで、こんな声かけをしてみましょう。

○「テストを隠したくなるくらい悪い点数だと思ったの？」

この声かけは、子どもの気持ちを代弁しています。「テストの点数が悪いから」ではなく、「点数が悪いと思ったから」と言っている点に注目してください。

この違い、分かりますか？　「テストの点数が悪いから」という言葉には、親の評価が含まれていることに対して、**「点数が悪いと思ったから」という言葉には、子ども自身の**

評価が含まれています。テストの主体を、子どもにしっかり根付かせることができるのです。

このことで、**子どもは自分の気持ちを理解してもらえたという安心感を覚え、再び勉強に向かう力が湧いてきます。**

3 勉強が苦手でやる気がない子どもへの声かけ

× 「さっさと勉強しなさい」

○ 「勉強が終わったら何をして遊ぶ？」

勉強が得意な子どもがいれば、苦手な子どももいる。それは自然なことです。そして、苦手なことを前にやる気が出ないことも当然です。

×「さっさと勉強しなさい」

やる気がなくグズグズしている子どもを見ると、さっさと終わらせてしまえばいいのにと口出ししたくなる親もいらっしゃるでしょう。

でもこれは、**山登りが苦手な人に「さっさと登りなさい」と言っているのと同じ。**苦手な登山に挑戦しなければならなくなった人に、あなたなら何と声をかけますか？

○「勉強が終わったら何をして遊ぶ？」

苦手なことに取り組まなければならない時、小さな目標や楽しみを設定して、**それを励みに頑張ったという経験はありませんか？** 登山の途中で食事をしたり、花や虫を観たりなど楽しみを見つけることが、これに当たります。

子どもには、勉強が楽しくなる工夫を示してあげましょう。苦手なことに努力して挑戦することも大切ですが、工夫次第で楽しくなるという経験こそが、生きること全般での知恵となるのです。

4 テストで100点を取った時の子どもへの声かけ

×「良かったね！」

×「さすが、私の子ね」

○「嬉しそうだね。100点取るくらい頑張ったんだね」

テストで100点満点を取った子ども。「褒《ほ》めて！」と言わんばかりの満面の笑み。さあ、こんな時のより良い親の対応を考えていきましょう。

この時に守らなければならないのは、「褒めない」ということです。「100点を取った子どもを褒めないなんて、ウソ!?」と思われましたか？

実は、子どもが褒めてほしがっている時ほど、褒めてはいけないのです。

なぜか？　それは、子どもが褒めてほしがっているのは、他人（親）の評価で自分の存在価値が決まるという、他人軸の価値観が育ってしまっている証拠だからです。

逆説的に言えば、**他人（親）に評価されなければ、自分に存在価値はないと感じてしまう**ということです。

×「良かったね！」

×「さすが、私の子ね」

これらの声かけは、親の価値観で子どもを評価しています。このことは、**「私から褒め**

られた時だけ、あなたは価値があるのよ」というメッセージを潜在意識に植えつけることになります。

この経験を繰り返すと、褒められることが子どもの目的になってしまい、他人軸が育ってしまうのです。その結果、褒められなくなってしまった途端、勉強をやめてしまう子どももいるほど。

「嬉しそうだね。100点取るくらい頑張ったんだね」

一方でこの声かけは、「嬉しそうだね」と子どもの気持ちを代弁しています。これで子ども自身の価値観で物事を評価する「自分軸」を育む経験になります。

加えて、「100点取るくらい頑張ったんだね」という声かけには、**その〝過程〟に注目し、子どもの〝努力〟に対する評価になります。**

これはただ褒めることとは違い、子どもは自分の評価と行動で満足な結果を作り出せるという経験にすることができるのです。

5 テストで99点を取った子どもへの声かけ

✕「どうしてあと1点が取れないの？」

✕「次はミスをせずに100点を取りなさい」

○「99点も取れるくらい頑張ったのね。点数に満足している？」

99点のテストの答案用紙を見た時、あなたはどんな感想を抱きますか？

「惜しい！」でしょうか？　「すごい！」でしょうか？　これはテストの難易度や子どもの実力にもよりますが、人によって意見が分かれますよね。

✕「どうしてあと1点が取れないの？」

✕「次はミスをせずに100点を取りなさい」

あと1点で100点なのにと、思わずこんな声かけをしてしまう方もいらっしゃるでしょう。

でもこれは、**勉強の主体が親になってしまっている**証拠です（理由は、第1章で度々取り上げました）。

しかも、99点のできたところではなく、1点のできなかったところに注目され、**「100点を取れない自分は価値がない」**と、**子どもは自己評価を落としてしまいます。**それに加えて、**自分や人の足りないところを探すのが上手になってしまうことも。**

声をかける前に、まずは冷静になって子どもの表情を見てみてください。子どもは悔しがっていますか？　それとも、満足な表情をしていますか？

「99点も取れるくらい頑張ったのね。点数に満足している？」

できなかった1点ではなく、できた99点に注目する子育ては、子どもの才能を限りなく

伸ばすことができます。さらにこの声かけは、子どもが自分自身でどう感じているかを確認する機会を与えています。

このことは、**自分軸で生きていく習慣をつけるのにとても効果的**ですので、ぜひ使ってみてくださいね。

6 勉強が嫌いな子どもへの声かけ

× 「勉強しないとロクな大人にならないよ」

○ 「勉強は楽しくないよね」

勉強が嫌いな子どもに対して、どんな声かけをしたら勉強を嫌がらずにやらせることができるか？　これに悩む親はとても多いでしょう。

褒めてみたり、おだててみたり、ご褒美を用意してみたり――ありとあらゆる手で、子どもに接している方もいらっしゃるのではないでしょうか？

時には、

✕「勉強しないとロクな大人にならないよ」

なんて、少し脅したら子どもは嫌がらずに勉強をするのではないか。または、本当にロクな大人にならないのでは?と親自身が不安になり、子どもにそう言ってしまうこともあるでしょう。

でもこれは、とっても危険。なぜなら子どもは、良くも悪くも親の期待に応えようとする生き物だからです。**「ロクな大人にならない」、そのことを証明しようとします。**それでは本末転倒!! 困りますよね……。

○「勉強は楽しくないよね」

こんなことを言ったら子どもの勉強嫌いを肯定して、ますます勉強しなくなってしまうんじゃないかと心配になる方もいらっしゃるでしょう。

ですが、その心配は全く無用。子どもは、**「勉強が嫌い」「勉強が楽しくない」と感じていることを認めてほしいのであって、「勉強しなくて良い」とは思っていない**からです。

これらを混同せずに分けて捉え、効果的に対応していく必要があります。

子どもは、「勉強はしなくてはならない」もしくは「したほうが良い」と、これまでの経験からちゃーんと分かっています。

思いを認めて共感することで、子どもは勉強と向き合う勇気が生まれるのです。

7 学校の授業についていけない子どもへの声かけ

✕「あなたはやればできるんだから」

✕「塾を申し込んできたからね」

〇「授業は楽しい？」

学校の授業についていけない子どもを見ると、心穏やかではいられませんよね。学年が上がるほど進路への影響を懸念しますし、低学年のうちはこの先もっと遅れをとるのではないかと、不安に駆られてしまうでしょう。

そして、何とか早急に手立てを打たなければと、塾や家庭教師を手配したり、**「やればできる！」**と根拠のない根性論に頼ったりしてしまいます。

でもその対応は果たして、根本的な解決になるのでしょうか？　そうではないことはお気づきですよね。

○「授業は楽しい？」

授業についていけない子どもが、授業を受けている様子を想像してみてください。楽しいと感じる子どもは少ないのではないでしょうか？

まずそのことに気づき、**寄り添ってあげてくださいね。そうすることで、一緒に問題を解決していく糸口が見えてきます。**

それに、一見成長していないように見える子どもも、木が根を張るように、見えないところでじっくり確実に成長しているものなのです。そのことをどうか忘れず、子どもの成長を見守っていきましょう。

8 カンニングした時の子どもへの声かけ

×「どうしてカンニングなんかしたの？」

×「二度とカンニングしてはいけません！」

○「カンニングしたくなるくらい、良い点数が取りたかったの？」

我が子がカンニングをしたと分かったら、冷静でいられる親はいるでしょうか？　自分の子どもがカンニングをするなんてと親自身が傷つき、「子育てを失敗した……」とまで感じてしまう方もいらっしゃるかもしれません。

でも「子どもはカンニングをするもの」、そう思っていていいと私は思います。もちろん、カンニングは良くないことですから、そうは思えなくても、少なくとも「カンニングすることもある」と思っていましょう。

なぜなら、それは「良い点数を取りたい！」という心の表れであり、カンニング自体に意味がないことを子どもだって分かっているからです。

✕「どうしてカンニングなんかしたの？」

✕「二度とカンニングしてはいけません！」

この二つの声かけは、一見親であれば当たり前のしつけをしているように思えるかもしれません。でも実は、**人格否定のメッセージが隠されている**のです。

具体的に言うと、「カンニングをしたあなたには価値がない」ということ。一度のカンニングで人格まで否定する必要はないことは言うまでもありませんね。

〇「（いけないことだと分かっているのに）カンニングしたくなるくらい、良い点数が取りたかったの？」

この言い方は、行動ではなく、気持ちに注目しています。**子どもの誤った行動を注意する際に大切なのは、「やった人」と「やったこと」を分けて考えること**です。

「やった人＝人格」は否定しないまま、「やったこと＝行動」を否定することができます。

こうすることで、**子どもは素直に反省し、正しい行動を起こす力を育むことができる**のです。

9 カンニングされた時の子どもへの声かけ

✕「先生に言いつけるね」

〇「カンニングされて嫌な気持ちになった？」

カンニングするのも問題ですが、カンニングされるというのも子どもにとってはダメージが強いことです。カンニングされた回答が正解でも間違いでも、カンニングされた子どもが良い気持ちになることはありません。

✕「先生に言いつけるね」

こんなふうに解決してあげたくなる方も多いでしょう。しかし、これは根本的な解決にならないだけでなく、「何か問題が起こったら、自動的に親が解決してくれる」という誤った経験を子どもに与えてしまうことになり、**自立から遠のいてしまいます。**

○「カンニングされて嫌な気持ちになった？」

カンニングされたことでどんな気持ちになったかを、子ども自身が確かめる機会を作ってあげましょう。

そうすることで、「カンニングをすることは、人を不快な気持ちにさせるんだ」という心境に気づくことができます。こんな経験を一つ一つ重ねながら、**子どもは人の気持ちが分かる人へと成長していく**のです。

第3章

ゲーム
スマートフォン

ゲームやスマホを敵ではなく味方にする

ゲームやスマートフォン（以降、スマホと記す）の問題。近年の子育てお悩み件数のトップ3に入ります。

今やすっかり生活に密着し、持ち始める時期の平均年齢も年々低年齢化しているようです。

では、いつから持たせていいの？　一日何分までなら使わせていいの？　ゲームやスマホに関するお悩みは後を絶ちません。私たち親世代が、子どものころとは違う生活環境にどう対応したらいいか分からない、というのが本当のところでしょう。

ここでは、そんなゲームやスマホに関する子どもとの関わり方を考えていきます。

まず、**ゲームやスマホに関しては、「賢く利用する道具」として捉えるようにしましょう。**

「悪」と頭ごなしに決めつけて、遠ざけようとしていませんか？　確かに、使い過ぎると様々な悪影響を与える研究結果もありますので、子どもが自由に好きなだけ使うことは見過ごすことはできません。

でもこれは、ゲームやスマホに限ったことでしょうか？　例えば嗜好品や食事や趣味なども同じですが、何事も適度にバランスよく取り入れれば、体や心の健康に大いに役立ち、暮らしを豊かなものにしてくれます。ですから、快適な生活を彩る道具として扱うことが大切ですよね。

ゲームやスマホも同じです。生活を快適なものにする道具として扱い、さらには正しく使う「責任」を学んでいくものとして、子どもと根気よく関わっていきましょう。

1 長時間ゲームをする（スマホを使う）子どもへの声かけ

✕「いい加減にやめなさい！」
✕「ゲームばかりしてないで勉強しなさい！」
○「どのくらいゲームをしたら（スマホを使ったら）満足できそう？」

一日、ゲームやスマホを手にすると、制限なく使い続ける子ども。夢中になって使っている様子を見ると、中毒になるのではないか。または、中毒に既になってしまっているのではないかと、心配になる親も多いのではないでしょうか？　この心配こそ、ゲームやスマホを子どもから遠ざけようとする原因の一つでしょう。

✕「いい加減にやめなさい！」
✕「ゲームばかりしてないで勉強しなさい！」

使い続けてやめる気配がない様子を見ていると、こうも言いたくなりますよね。中には、何度言ってもやめないから、取り上げてしまうという方もいらっしゃるでしょう。

でもその前に、一旦冷静になってください。ゲームやスマホに夢中になっている時に、突然こんなふうに怒られたり取り上げられたりしたら、子どもはどんな反応をするでしょうか？

きっと、**親への不信感や不満が募ってしまう**と思いませんか？　そうなってしまっては、良い親子関係を築くのは難しくなってしまい、この問題を効果的に解決することも困難になってしまいます。

そこで、次のような声かけをしてみましょう。

○「どのくらいゲームをしたら（スマホを使ったら）満足できそう？」

これまでの親の対応や、学校での学びから（最近の学校では、教育がなされていることがほとんどです）、**長時間ゲームやスマホを使うことが良くないということを、子どもは分かっています。**

それでも長時間使い続けてしまうのは、自分をコントロールできない未熟さ故なのです。だからこそ、ゲームやスマホを**「自分をコントロールするトレーニングの道具」として利用していきましょう！**

その取り掛かりとして、この声かけはとても効果的です。

② 約束の時間を過ぎてもゲーム（スマホ）をやめない子どもへの声かけ

×「約束を守れなかったから、今日から禁止ね」

○「残念だけど、1週間ゲーム（スマホ）を預かるね。1週間経ったら、また正しく使えるか試してみようね」

ゲームやスマホを与える時に、使い過ぎを防ぐためにルールを決めているご家庭も多いのではないでしょうか。「平日は○時間まで」「宿題が終わったら○分まで」など、その内容はご家庭によって様々でしょう。

しかしルールを決めたにもかかわらず、約束の時間を守らない子ども。その様子を見ていると、親としてはガッカリするやら、怒りを覚えるやら……。対応に困ってしまいますよね。

むしろ、こんな時こそスマホやゲームを「社会性を身に付ける道具」として活用していきましょう！

✕「約束を守れなかったから、今日から禁止ね」

約束を守れなかったのだから、当然のしつけとして、ゲームやスマホを取り上げるという方もいらっしゃるでしょう。

でもこの対応は、子どもに罰を与えることになります。これって、とても危険‼ なぜなら、この対応の奥に隠されているメッセージが、子どもの自己肯定感をひどく下げてしまう可能性があるからです。

そのメッセージとは、**「あなたは罰を受けるに値する人間なのだ」という、人間としての価値を落としてしまう**内容。あなたの気持ちの中に、**しつけと罰が混同していません**

か？

では、どう対応したらいいのでしょうか？

○「残念だけど、1週間ゲーム（スマホ）を預かるね。1週間経ったら、また正しく使えるか試してみようね」

この対応は、子どもからゲームやスマホを離すという点では同じですが、先の×の対応とは隠されているメッセージが全く違います。

そのメッセージとは、「今は正しく使えなかったけど、1週間後のあなたならきっと正しく使えるって信じているから」という、**成長への期待を感じさせる**こと。

さらに、「残念だけど」と付け加えることで、**子どもに罰を与えることなく寄り添う姿勢を示しています。**

これこそが、罰としつけの大きな違いなのです。

3 課金したがる子どもへの声かけ

✕「課金はいけません」
○「あなたにとっては価値のあるお金の使い方なの？」

高いお金を払って手に入れたゲームやスマホに、更に課金だなんて……。私たち親が子どもだったころにはなかった、新しい文化（？）に戸惑い、一種の恐怖を覚える親もいらっしゃるのではないでしょうか。

課金をすることで怖いことが起きるのではないか。そもそも、その必要性が全く理解できない。そう思ってしまうことも多いでしょう。その気持ちから、頭ごなしに「ダメ！」と禁止してしまうのも分かります。

でも、頭ごなしに否定されたと子どもが感じてしまったら、正しいしつけにつなげることができないのは、よく考えれば気づくことでしょう。

✕「課金はいけません」

こんな対応をされる方もいらっしゃることでしょう。

でも、子どもが課金をしたがるということは、そこに何かしらの価値を感じているという証拠。課金をする・しないの前に、その気持ちにまずは寄り添ってあげましょう。その上でこそ、効果的な話し合いが成立するのです。

「あなたにとっては価値のあるお金の使い方なの？」

この声かけは、子どもの気持ちに寄り添っています。きっと子どもは嬉しくなって、「うん、そうなんだ」と素直に答えることでしょう。

そう答えてきたら、むしろチャンス。「どんなところに価値を感じるの？」「課金することで、どんな良いことがあるの？」と、続けて質問してみましょう。

さて、子どもはなんて答えるでしょう？　この会話こそが、親子の価値観を確認し合い、信頼関係の構築につながるのです。

この場合、**親子で価値観が違っても良い**のです。**大切なのは、親子で本音を話し合えるという信頼関係を築くこと**なのですから。

その話し合いの結果、課金をするかしないか、どの程度課金をするかを決めていけば良いのです。

4 次から次へと新しいゲームやアプリを欲しがる子どもへの声かけ

✕「この前買ったばかりでしょ?」

○「新しいゲーム(アプリ)が欲しいのね。このゲーム(アプリ)のどんなところが魅力的なの?」

次から次へと発売されるゲームやアプリ。子どもが欲しがる度に買い与えていては、きりがありませんよね。

でも、「友だちはみんな持っているのに」などと、しつこくおねだりされると、「子どもにとって良くないのでは?と、不安を感じながらもつい買い与えてしまう」という親もいらっしゃることでしょう。

子どものしつけに関しては、何が正解で何が不正解か? その基準があいまいで、対応に困ってしまうことも多いと思います。

✕「この前買ったばかりでしょ?」

誕生日やクリスマスなどのイベントでもないのにおねだりされると、当然こんなふうに言いたくなりますよね。

もちろん、子どもの意見を尊重することと、要望を全て聞き入れることは別の問題です。買う・買わないは置いておいて、子どもの気持ちをないがしろにしては反発を買って「親は分かってくれない」というイメージが子どもの中に根付いてしまい、解決からは遠のいてしまいます。

「新しいゲーム（アプリ）が欲しいのね。このゲーム（アプリ）のどんなところが魅力的なの？」

まずは子どもの「ゲーム（アプリ）が欲しい」という気持ちに理解を示しましょう。その次に、なぜそれが欲しいのか、子どもはそれのどんなところに魅力を感じているのかを聞いてみましょう。

そうして子どもが自分の気持ちを分かってもらえたと満足したら、**むやみやたらに欲しがることがなくなったということもよくあります。**

まずは、子どもの気持ちに理解を示すことに意識を集中させましょう。

5 ベッドにゲームやスマホを持ち込んで夜中まで使う子どもへの声かけ

✕「ベッドにゲーム（スマホ）を持ち込んではいけません」

○「家族みんなでゲーム（スマホ）の置き場所を決めて、使わない時はそこに置いておこうね」

ベッドにゲームやスマホを持ち込んでまで夢中になって、夜中まで使い続ける子ども。そんな姿を見ていると、直ちに「何とかしなくては」「厳しく注意しなくては」と、親としての責任感から厳しくしつけようとする方もいらっしゃることでしょう。

確かに、ベッドに持ち込んでまでダラダラと使い続けることは、健全とは言い難い状況です。だからこそ、子どもには効果的で正しいしつけが必要となります。

✕「ベッドにゲーム（スマホ）を持ち込んではいけません」

当然、こんな声かけをする方も多いのではないでしょうか？　それの何がいけないのか？と思われますよね。

実は子どもに限らず私たち**人間は、内容にかかわらず否定されると、無意識に相手を**

「敵」とみなしてしまう本能に近い習性があります。内容にかかわらず、というところがポイントです。

どんなに親が正しいことを言っても「敵」とみなされてしまえば当然、穏やかな話し合いや効果的なしつけはできませんよね。

そこで、こんな声かけをしてみましょう。

「家族みんなでゲーム（スマホ）の置き場所を決めて、使わない時はそこに置いておこうね」

これには、効果的なしつけにつながるポイントが二つあります。

一つは、子どもを否定していないので、**敵とみなされることなく話し合いができる**こと。

もう一つは、子どもの正しい行動に対する信頼です。**信頼された子どもは、当然それに応えようとします。**まずはそんな信頼を伝えることから、正しいしつけはスタートするのです。

6 オンラインで、知らない人と交流しているのが分かった時の声かけ

✕「知らない人と付き合ってはいけません」

○「仲良くしてもらっているのね。どんな人なの？」

子どもがオンラインで知り合った人と個人的に連絡を取っていると分かった時、あなたはどんな感情を抱きますか？

「怖い！」でしょうか？　それとも「心配……」でしょうか？

SNSがなかった時代には考えられない、新しい出会いの方法に戸惑う方も多いでしょう。さらにニュースなどで、オンラインで知り合った関係で事件が報じられたりするのを見ると、「オンラインでの出会いは危ない」と感じてしまうのも当然です。

だからこそ、丁寧に子どもと関わりを持って、親子の信頼関係を深めることが重要にな

ります。

✕「知らない人と付き合ってはいけません」

私たち親の世代の「知っている人」は、「実際に会ったことのある人」という認識がスタンダードでした。でも今の子どもたちは、実際に会っていなくてもインターネットで知り合っていれば、たとえ本名を知らなくても「知っている人」になります。

ですから、**「知らない人について行ってはいけません」という言い方をするしつけは、今は通用しません。**

まずはこのことを念頭に置いて、子どもに寄り添い、有効な話し合いをする必要があります。親しくしている人を頭ごなしに否定されたら、誰だって反発したくなりますからね。

○「仲良くしてもらっているのね。どんな人なの?」

まずは、子どもの交友関係を否定する態度や言葉がけを避ける必要があります。子どもがオンライン上で付き合っている**相手がどんな人なのか、どのような仲なのかを子どもが正直に話せる場を作ることが大切**だからです。

その上で**もし、関係性に危険を感じたなら、親は心配だという気持ちを伝え、約束事を決めます。**

この時に気をつけなければならないのは、**子どもも納得する約束事にすること。**「親から命令された」とか「禁止された」と子どもが感じた場合は、隠し事をしたり、嘘をつくことがあるからです。これでは話し合いの効果は全くありません。

親はあくまで子どもの味方であり、理解しているよという態度を示すことが大切なのです。

超
お勧め！

子どもが目標に向かって自走してくれる!!「月1インタビュー」

長期目標を根付かせれば、あとは自走してくれる

ここまで本書をお読みいただいて、いかがでしたか？　第3章までで、「信頼声かけ」がどんなものか、おおよそ分かってきたかと思います。

ここでは、子どもがもっと自走してくれるぜひとも試していただきたい、お勧めの子育て法をご紹介します。それは、**定期的に子どもにインタビュー**をすること。できれば1か月に1回をお勧めします。

この時、親は、おもちゃのマイクを用意するなど、インタビュアーになりきってくださいね。**子どもがおしゃべりできる年齢になったら、何歳からスタートしても大丈夫**です。

具体的なやり方は、次のようになります。

まずは、自己紹介です。

「お名前を教えてください」

「何歳何か月ですか？」

子どもは名前を言うことで**自分という存在をはっきり認識することができます**。そして、

毎月増えていく年齢を答えることは、**自分の成長を実感し、成長に期待する心が育まれます。**

次に、

「好きな食べ物は何ですか？」

「好きな遊びは何ですか？」

「好きな動物は何ですか？」

など、好きなことを尋ねます。

これは、子どもが自分自身の価値観を確認する、**自分軸を育むトレーニング**になります。

さらに、

「あなたは将来、どんな人になりたいですか？」

「そのために、あなたが今、できることは何ですか？」

と、続けてみましょう。

この質問をすることで、**子どもの目指す人物像（長期的目標）をはっきりと認識させる**

ことができます。

そして、**そうなるための方法を自分で考えさせ、自走に導くことができる**のです。

このインタビューをする時に、注意していただきたいことがあります。

それは、**どんな子どもの回答にも、親は評価を下さないこと**（名前や年齢など絶対の正解があるものが間違っている場合だけ、優しく指摘して構いません）。

なぜなら、親が子どもの答えに○や×を付けてしまうと、子どもは〝親が求める答え〟を探すクセ（他人軸）が身に付いてしまうからです。これでは、インタビューが子どもの成長を促すどころか、大きな弊害を与えてしまいます。

どんな答えも否定せずに聞いてあげることで、**親があるがままの子どもの存在を認めるメッセージが伝わり、自走する勇気と自信が生まれる**のです。

ですから「回答の内容」ではなく、「子どもが自分の意見を言えたこと」に焦点を当て、子どもの年齢にかかわらず、「一人の人間として尊重している」という気持ちを忘れないようにしましょう。このことは、日ごろ子どもと向き合う時にも共通していえることです。

息子二人が最難関校に合格したのもインタビューのおかげ

我が家でも、二人の息子に毎月インタビューをしてきました。

スタートはおしゃべりができるようになったころ——1歳9か月ごろだったと記憶しています。長男は7日生まれなので、毎月7日に。次男は28日生まれなので、毎月28日にインタビューをしました。

私「お名前を教えてください」
息子「〇〇〇〇でしゅ！」
私「何歳何か月ですか？」
息子「2しゃい2かげちゅでしゅ！」

当然子どもですから、その時の気分で毎月答えは変わります。

ですが次男は、幼稚園の年中になったころから、「将来どんな人になりたいですか？」の質問に対する答えは、一貫して同じでした。それは、「カッコいい人」。

さらに、「あなたにとってカッコいい人とは、どんな人ですか？」と質問を続けると、「サッカーが上手な人」「走るのが速い人」など、その時々の次男にとっての〝カッコいい人物像〟を答えてくれました。

そのたびに、〝カッコいい人になる遊び〟が我が家のブームになります。体を動かすことが好きな次男の「カッコいい人」は、決まってスポーツがらみ。

ですが、小学2年生になると、次男の〝カッコいい人物像〟が変わらなくなりました。

私「あなたにとって、カッコいい人とは、どんな人ですか？」

次男「優しくて、頭がいい人です！」

私「優しくて頭がいい人になるために、あなたが今できることは何ですか？」

次男「勉強です！」

勉強が好きな長男に対して、「勉強なんて、かんべん、かんべん！」が次男の口癖だったので、これにはビックリ！　そう言って、その日から次男は自ら勉強をするようになりました。

やがて小学3年生になった時には、「塾に行く！」と宣言し、更にはその後、「中学受験をする！」と言い、実際に受験を完走するまで自ら勉強を続けました。

この、**「目標となる人物像＝長期目標」が、次男の行動を生み出した**ことは言うまでもありません。

勉強嫌いな次男が一日も欠かさず塾に通い、努力を重ね、中学受験で地域最難関の滝中に合格したことは、私たち親子にとって大きな自信となりました。

もちろん、勉強が分からなくて苦しい表情を見せたり、成績が振るわなくて悔し涙を流すことも多々ありました。

でもその度に、自らを奮い立たせ、決して諦めずに努力を続ける姿は、我が子ながら本当に立派だったと思います。

この、**自分で決めて自分で行動をしたという経験は、次男のこれからの人生において宝物になった**と信じています。

このように、勉強嫌いなままでも、長期的な目標を自覚させることで、その時に必要なことを自ら考え出し、自走することは可能なのです。

子どもの苦手なこと、嫌いなことを無理に変えようとするのではなく、できることに注目してその時々に必要なサポートをする子育ては、子どもの可能性を大いに広げることができるのです。

同じようにインタビューを続けていた長男は、幼稚園に入ったころから好きな勉強と音楽に没頭していました。

やがて小学6年生になり、**中学受験とエレクトーンコンクールの両方で日本一を目指すと決め、**勉強では、**全国最難関の灘中に合格。**入試2か月前のエレクトーンコンクールでは、日本一になる目標には届かなかったものの、**西日本大会入賞**を果たすことができました。

ところで、勉強が好きな長男に、どうして勉強が好きなのかを尋ねたことがあります。

その答えは、次のようなものでした。

私「どうして勉強が好きなの？」

長男「楽しいから！」

私「どんなふうに楽しいの？」
長男「成長しているって実感できて、勉強をやめたくないって思うんだ」
本書でご紹介している声かけを続けることで、自分の気持ちを常に確認して表現する力がついていたのだと思います。
以上から、我が家の二人の息子は全く異なる動機で、それぞれ目標に向かって中学受験を経験しました。要するに、目標や動機を自覚させることは、自発的に行動を起こす原動力になるということなのですね。

1か月に1回インタビューをする時間を作るだけで、子どもがやる気を出して自ら目標に向かって自走する子育て法。ぜひ、ゲーム感覚で楽しみながら続けてみてくださいね。
このように、長期的な目標を子どもにしっかり根付かせて、本書でご紹介する魔法のフレーズを使うことで、その時その時で正しい行動へといざなうことができるのです。

第4章

食事

飲食物を口に入れるだけの時間ではない

子育てにおいての食事のお世話は、**親にとって、とても多くの時間と労力を費やします。**

授乳期では、母乳育児なら飲酒や刺激物を避けたりと、母親の食べるものにも気を配り、ミルクでは適温に準備して哺乳瓶の殺菌をしたり。

離乳食が始まれば食べさせる順番や硬さに気を配り、一人で食べられるようになるまで根気よく食べる練習が必要になります。遊び食べや偏食に悩むこともあるでしょう。

一人で食べられるようになってからも、一日三食献立を考え、買い物に行き、実際に調理をして片付ける。これだけでも既に多くの時間と労力を費やしています。その上、栄養バランスを考えたり、子どもの好みに合わせて調理方法や食器に至るまで工夫していると いう方もいらっしゃるでしょう。

特に、お子さんが小さい時期はこれら一連の流れが思うように運ばないことも多々あります。しかも、子どもや家族の人数が増えれば、その工夫も掛け合わせになることに。

こんなお世話が毎日10年以上も続くなんて、世の中の親御さんは本当にすごい！と、改めて尊敬の念に堪えません。

また、食事はただ食べたり飲んだりだけの行為ではありません。マナーを覚えたり、団らんしたりする場所でもあります。血や肉など体を作るだけではなく、**食事を通して心に栄養を与えたり、社会性を身に付けたりすることができます。**

このように、食事を通して学べることは本当に多くあるのです。ですから、しつけをするには絶好の場ともなります。

もちろん、それにはちょっとしたテクニックが必要になります。本章ではそんな食事での声かけを通して、子どもの健やかな成長を促すテクニックをお伝えしていきます。

1 好き嫌いをする子どもへの声かけ

× 「好き嫌いせずに何でも食べなさい」

× 「何でも食べないと大きくなれないよ」

○ 「ピーマンは苦手なのね」

子どもの偏食に悩まれる方はとても多いです。「何でもバランスよく食べて、丈夫で健康に育ってほしい」、そう願う親心の表れですね。

ただ、経験の浅い子どもは、そのことをどこまで理解しているでしょうか？　そして大人は、「好き嫌いせず何でも食べるのが良い」「好き嫌いは良くない」と、決めつけていませんか？

こんな世間の常識が、子どもの自己肯定感を下げたり、良好な親子関係を築くのを邪魔したりしているということが往々にしてあります。

×「好き嫌いせずに何でも食べなさい」

×「何でも食べないと大きくなれないよ」

典型的な例としては、このような声かけではないでしょうか。

「好き嫌いをするあなたはダメ」、そんな子どもを否定するメッセージが含まれています。好き嫌いがあるからといって、自己肯定感を下げる必要はないはずですよね。これは、偏食を認めることとは違います。この違い、分かりますか？

○「ピーマンは苦手なのね」

一見、好き嫌いを容認しているようなこの言葉ですが、これは、好き嫌い〝そのもの〟

を認めているのではなく、子どもの「ピーマンは嫌いだから食べたくない」という**〝気持ち〟を認めている**のです。この違いをはっきり分けて捉えましょう。

このように認められた子どもは、嫌いな食材にも挑戦してみようかなという前向きな気持ちが生まれます。

食事の世話は長期にわたりますから、この声かけを続けながら、**長い目で見て、体だけではなく、心を育むことにも意識して取り組んでいきましょう。**

2 食事の時間になっても、なかなか席に着かない子どもへの声かけ

✕「早く席に着きなさい」

✕「今すぐ座らないとご飯抜きだよ」

○「今からお母さんと一緒にご飯食べる？　それとも、後で一人で食べる？」

食事が食卓に並んでいるのに、いくら声をかけても席に着かない子ども。これも日常になると、とても困りますよね。すんなりと席に着いて食べてくれたらいいのにと、せっかく作った料理を食べさせるのにも一苦労。

でもこれは、「自立と責任感」を育むのに絶好のシチュエーションなのです！　子育ての腕の見せ所だと思って、ぜひ前向きに捉えてくださいね。

✕「早く席に着きなさい」
✕「今すぐ座らないとご飯抜きだよ」

これらの声かけは、子どもに選択の余地を与えていません。そう聞くと、「食事を摂るだけのことに、選択の余地が存在するの？」と驚かれるかもしれません。

正しくは、「選択をさせることで、責任感を育む機会を作る」ということになります。

具体的には次のような声かけをしてください。

○「今からお母さんと一緒にご飯食べる？　それとも、後で一人で食べる？」

これは、ご飯を食べるタイミングを選択させる、という子育てのテクニックです。

なぜこれがテクニックなのでしょうか？　それは、**この言葉には自己肯定感が育まれるメッセージが含まれている**からです。

選択肢を与えられた子どもは、「自分には選ぶ力があるとお母さんが〝認めて〟くれている」と無意識に感じます。そしてもう一つ。「選んだことを〝実行する力がある〟とお母さんが信じてくれている」というメッセージも含まれます。以上から、「選択させること」が「自己肯定感を育む重要なテクニック」となっているといえるのです。

この時に必要なのは、子どもの選択を見守る親の勇気。もう一つの選択肢を本当は選んでほしかったとしても、**子どもの選択をおおらかな心で見守り、体だけでなく、心も育んでくださいね。**

3 食事の途中で席を立つ子どもへの声かけ

✕「席に着きなさい！」
○「座って食べるか、終わりにするかどっちにする？」

食事の途中でフラフラと席を立ってしまう子どもの行動は、特に幼少期に多い問題です。これも、選択肢を与えてしつけの絶好の機会にしましょう！

✕「席に着きなさい！」

この、親からの「〜しなさい」という声かけは、実は子どもを無能扱いしています。詳しく説明すると、「あなたは自分で座るという判断ができないから、教えてあげているのよ」というメッセージが込められているのです。

それに加えて、命令口調が厳しくなるほどに、「あなたは怒られて当然の人間なのだ」というメッセージも含まれ、子どもは自分の存在価値を低く感じ取ってしまいます。このことが問題なのです。

注意したいのは、これらは親も子も潜在意識でのメッセージになるので、気がついていない人がほとんどだということ。

「座って食べるか、終わりにするかどっちにする？」

これも選択肢を与えるテクニックです。席に着いて食事を続けるか、席に着かないなら食事を終わりにするか、という選択です。

この時、穏やかで毅然とした態度と口調で言いましょう。もし子どもが席に着かなかったら、食事をしない判断をしたと捉え、淡々と食事を片付けます。子どもが泣いてもわめいても、「残念だけど、次の食事まで待ってね」と、これも穏やかで毅然とした口調で伝えましょう。

決して、「座らなかったあなたが悪いのよ」と罰を与えるような気持ちで言葉をかけたり、泣かれることで食事を戻して「泣いたら食事をもう1回出してくれた」といった誤解を与えたりしないようにしてくださいね。それではせっかくのしつけが台無しになってしまいますから。

この経験が成長につながる力があると信じて、試してみてくださいね。

4 出された食事に文句を言う子どもへの声かけ

× 「文句を言うなら食べなくていい」

× 「文句があるなら次から自分で作りなさい」

○ 「お母さん、ショックだな」

せっかく準備した食事に文句を言われて喜ぶ親はいないでしょう。あなたなら、ガッカリしますか？　悲しくなりますか？　怒りが湧いてきますか？

さて、ここでも、社会性を身に付けるしつけの機会として、前向きに子どもと関わっていきましょう。

✕「文句を言うなら食べなくていい」
✕「文句があるなら次から自分で作りなさい」

子どものためを思って用意した食事に文句を言われたら、思わずこんな言葉が口から出てしまいますよね。

この時にまず気づいていただきたいのが、この言葉の裏には、親の傷ついた気持ちが隠れている、ということです。そう。あなたは子どもの言葉に傷ついていることに、しっかりと気づいていますか？　この気持ちをないがしろにしていては、正しいしつけどころか、良好な親子関係は築くことはできません。

ではこんな時、どんな対応をするのが良いのでしょうか？

○「お母さん、ショックだな」

食事に文句を言われたら、こうやって**しっかりと親の気持ちを伝えてください。**「そんなこと言われたらお母さんは悲しくなっちゃう」「忙しい中あなたのために作ったのに、そんなふうに言われたら怒りたくなる」、こんな言葉でも良いでしょう。あなたの正直な気持ちを、そのまま伝えることに力を注いでくださいね。

そうすることで**子どもは、自分のどんな言葉が人を傷つけるのかを知る経験をすることができます。**人生経験の浅い子どもにとっては、とても貴重です。

しかもこの対応の良い点は、**子どもを責めずに親の気持ちを伝えられる**ところです。親は自分の気持ちを大切にでき、その姿を子どもに見せることも価値のある教育になります。

ぜひ、試してみてくださいね。

5 食事を「不味《まず》い」と言う子どもへの声かけ

× 「失礼ね！」

× 「もう作りません！」

○ 「お母さん、残念だな。どんな味付けなら満足できた？」

せっかく作った食事を「不味い」と言われて平気な親はいるでしょうか？　ショックを受けたり、怒りが湧いてくる方がほとんどでしょう。

こんな感情的になる場面でも、声かけをうまく使うことで、冷静になれる上、子どもに良いしつけもできます。

✕「失礼ね!」

✕「もう作りません!」

こんなふうに言いたくなる気持ちも分かります。

でも、ただ感情を子どもにぶつけるだけでは効果的なしつけにはなりません。親にとっても子どもにとっても、意味のある形に変換して伝えるように工夫しましょう。

○「お母さん、残念だな。どんな味付けなら満足できた?」

この声かけは④(P110)で前述した通り、**人生経験の浅い子どもにとって、良好な人間関係を築くための良い学習になります。**

また、「どんな味付けなら満足できた?」と付け加えることで、さらに良い効果があります。それは、**子どもにとって、自分自身の満足な状態を知るきっかけを作る**、という点です。自分の満足を知ることは、幸せな人生を創造していく基本になりますので、今から少しずつ始めておきましょう。

6 食事を「美味しい」と言いながら食べる子どもへの声かけ

×「いつも美味しいでしょ」

○「嬉しいよ。ありがとう」

子どもが「美味しい」と喜ぶ姿は、とても微笑ましく嬉しい気持ちになるものです。こんな時でも親の声かけ次第で、子どもの心の成長が左右されますので、ぜひ参考にしていただきたいと思います。

×「いつも美味しいでしょ」

これは、いつも「美味しい」と言ってほしいという親の気持ちの表れです。それはそれで正直でいいのかもしれませんが、子どもの成長に良い影響をもたらすかというと、疑問が残ります。

せっかくなのでここでも、社会性を身に付ける良い学習の場にしましょう。

〇「嬉しいよ。ありがとう」

たったこれだけ？と驚かれるかもしれませんが、これでいいのです。

人と人の間で喜びや感謝が循環するという、いたってシンプルなこのやり取りこそが、良好な人間関係を構築する基本になります。どんなことを言えば、相手が喜ぶのかを知ることもできます。

このようなシンプルなやり取りをたくさん経験することは、子どもの心の成長につながるのです。

7 小食な子どもへの声かけ

×「たくさん食べないと大きくなれないよ」

×「ご飯をちゃんと食べないとおやつは抜きよ」

〇「もう満足した？」

子どもが小食だと、栄養が足りているのか、丈夫な体になるのか、大きくなるのかと、心配になる方も多いと思います。また、用意した食事を残されてガッカリするという経験をした親もいるでしょう。

でも、皆さんも既にご存じの通り、食事においては好みも量も、個人差があります。

✕「たくさん食べないと大きくなれないよ」

✕「ご飯をちゃんと食べないとおやつは抜きよ」

何とか少しでも食べてほしいという思いから、こんな言葉をかけるという方もいらっしゃるでしょう。でも、**「実際にこの声かけをしたら、子どもがたくさんご飯を食べるようになった！」という経験をした方は少ない**のではないでしょうか。

なぜならこれらは、**子どもにとっては脅しや罰ですし、一般論で子どもを評価することは、子どもの個性を認めていないことになり**、子どもはそのことを敏感に感じ取っているからです。

○「もう満足した？」

この声かけは、子どもの判断で食べる量を決められるという信頼の下に成り立ちます。つまり、罰を与えることなく、子どもを「個」として尊重しています。

また、**少しでもたくさん食べられるような、食が進む楽しい雰囲気作りも大切**です。人は生きる上で食事は欠かせませんから、子どもの記憶の中に、「食事は楽しい」という記憶を残してあげてくださいね。

8 おやつばかり食べたがる子どもへの声かけ

✕「お菓子ばかり食べると、ご飯が食べられなくなるよ」

✕「ちゃんとご飯を食べなかったら、明日からおやつ抜きよ」

〇「ご飯もしっかり食べられて、おやつも満足できる量はどのくらいかな？」

子どもが食事よりもおやつを好んで食べたがるというお悩みについて、考えていきましょう。

そもそものおやつの始まりは、江戸時代に一日二食が一般的だったころのお昼時に摂る栄養補給。今ではその意味合いはすっかりなくなり、嗜好品としての位置づけになりましたから、食事から栄養を摂ってほしいと思うのは当然のことです。

❌「お菓子ばかり食べると、ご飯が食べられなくなるよ」

❌「ちゃんとご飯を食べなかったら、明日からおやつ抜きよ」

食事で栄養を摂ってほしい気持ちの表れとして、こんな声かけをされる方も多いと思います。

でも子どもにとっては、「ご飯を食べたくない」のではなく「おやつが食べたい」なのです。この違いをはっきりと認識して効果的なしつけをしていきましょう。

○「ご飯もしっかり食べられて、おやつも満足できる量はどのくらいかな？」

この声かけをすることでまず、**おやつよりも食事を摂ることが大切だということを伝えられます。**

そして、食事を十分に食べられることを前提に、おやつを満足に食べても良いし、**その量を自分で決められるという子どもへの厚い信頼を伝えています。**

この声かけをした結果、子どもはおやつを欲しがらなくなったという声をたくさん聞きます。大好きなお母さんが寄り添ってくれることで、心が満たされるからですね。

9 ジャンクフードばかり食べたがる子どもへの声かけ

×「体に悪いものばかり食べると病気になるよ」

○「ジャンクフード美味しいよね。でも、体に良い物もたくさん食べてほしいな」

ジャンクフードとは、高カロリーで栄養価が低く添加物が多い食品のことです。ですから、過度に摂取すると健康に悪影響を及ぼすことが考えられます。かといって、完全にシャットアウトするのはなかなか難しいでしょう。

将来自分で栄養管理ができるよう、生活の中の楽しみの一部として適度に取り入れられるよう、親から子へ言い伝えていきたいですね。

×「体に悪いものばかり食べると病気になるよ」

「ジャンクフード＝悪」と頭ごなしに否定して脅しともとれる伝え方をすることは、好ましいしつけとはいえません。この声かけを続けていると、将来万が一病気になった時に「病気になったのは自分が悪いんだ」と、自分を責めることになります。

たとえ生活習慣病と呼ばれるものでも、決定的な原因を突き止めることは困難ですし、自分を責めることが解決につながることはありません。

親の声かけが、子どもの将来に影響することを念頭に置いて、将来の役に立つしつけをしていきたいですね。

○「ジャンクフードは美味しいよね。でも、体に良い物もたくさん食べてほしいな」

「ジャンクフードは美味しいよね」と、**子どもの気持ちにまずは寄り添い、**その上で親の気持ちを伝えます。このメッセージからは、**親が子どもの健康を気遣う優しい気持ちが伝わります。**

強制よりも、優しく寄り添い自主性を尊重することでしつけがうまくいく、ということを覚えておきましょう。

第5章

身支度
入浴

時間勝負の身支度こそ、急がずが成功の秘訣

身支度は、子どもの年齢や発達によって段階的な関わりが必要になる子育ての一つです。毎日のことですから、朝や晩の、時間に追われる中で大変な思いをしている方もいらっしゃるでしょう。

特に、幼稚園や保育園に通うようになると、時間との勝負！　時間のない朝に、家事に追われながら時間通りに自分や子どもの身支度をするのは大変……。

夕方になるとまた家事に追われ、お風呂や食事のお世話をしながら時間通りに寝かしつけ、次の日の用意もしなければと、次から次へとやることが降ってきます。

そんな時間に追われながらの身支度で心がけていただきたいのは、「北風と太陽の法則」。この元となる童話『北風と太陽』のあらすじは、ご存じですか？　優しさや思いやりは、力や強制よりも人を動かす力を持っていることを教訓とするイソップ童話です。

「北風と太陽の法則」に従えば、優しさや思いやりを重視するので、ポイントとしては、

1. 急がない

2. 自主性を育てる

ということ。

言うまでもなく、子どもは発達途上の状態です。

子どもが今できないことは、何歳になった時に問題なく自分でできていてほしいと思いますか？ 今日にも、明日にも？ すぐにでもできないと困りますか？ 先ほどのポイントを思い出していただければ、正解は違うことが分かると思います。

自主性を育みながら、ゆっくりじっくり子どもと関わろうとする親の心構えを推奨しますが、これが**親自身にとっても心の余裕を生みます。**

本章では、子どもの成長を感じながら、親子のやり取りを楽しむ心の余裕を持って、子どもに身支度をしてもらう工夫を、声かけで実現させる方法をお伝えしていきます。

1 朝の身支度が遅い子どもへの声かけ

× 「さっさと支度しなさい」

× 「遅刻するよ！」

○ 「もうこんな時間！　お母さん洗濯しなくちゃ！」

朝の身支度は、決まって時間に追われている方もいらっしゃるでしょう。登校や登園の時間が決まっており、親も仕事がある場合はなおさらです。毎日のことなのに、どうしてさっさと準備をしないの？　能力が足りないのでは？　私のしつけが間違っている？　そんな疑問を持たれる方もいらっしゃるかもしれませんね。

×「さっさと支度しなさい」

×「遅刻するよ！」

この声かけをして、子どもが素早く身支度をするようになった！ということは、稀だと思います。

なぜなら、これらの声かけは、身支度の主体が親になっているので、**子どもは自分のこ**

として認識できていないからです。

もし身支度を急いだとしても、「怒られたから仕方なく身支度をした」という経験になるので、これでは効果的なしつけとはいえません。

では、どんな声かけが良いのでしょうか?

「もうこんな時間! お母さん洗濯しなくちゃ!」

これは、**間接的に支度を急がせるテクニック**です。この声かけで、子どもが自主的に身支度をするきっかけを作ることができます。

これは、**やらされたという認識とは正反対で自立心を育てます。**

親はちょっと役者になってみて、子どもに聞こえる大きめの声で忙しさを演じてみてくださいね。その様子を見て子どもが自ら支度を始めたらこっちのもの! **もし支度をする気配がなければ、「お母さんはお洗濯急ぐから、○○くん（ちゃん）もお支度お願いね!」と伝えて、自分のやることに集中しましょう。**

2 忘れ物が多い子どもへの声かけ

✕「ハンカチ持った？　教科書は？　上履き持った？　宿題は？」

✕「忘れ物ばかりしてだらしのない子ね」

○「行ってらっしゃい」

忘れ物を繰り返す子ども。常に子どもが忘れ物をしていないか心配で気が気でない、という方もいらっしゃるでしょう。

✕「ハンカチ持った？　教科書は？　上履き持った？　宿題は？」

✕「忘れ物ばかりしてだらしのない子ね」

このように親が子どもの「記憶装置」になってしまうと、子どもはいつまで経っても自主的に「忘れ物をしない行動」を起こすことはできません。

それどころか、**忘れ物をした時には親のせいにしてしまいます。**これでは、良いしつけとはいえないですよね。

○「行ってらっしゃい」

どうか、親は子どもの記憶装置にならずに、**持ち物の管理は子どもに任せてくださいね。**

忘れ物をして困るという子どもの経験を、親は奪ってはいけません。この経験を通して、子どもはようやく忘れ物をしないという意識が芽生えるのです。

もし子どもが忘れ物をしたことに親が気づいたら、**「今日家に○○があって忘れたんじゃないかと心配したんだけど、困らなかった?」と寄り添う声かけをしてください。**これこそが、子どもの自主性と責任感を育む子育てなのです。

3 お風呂に入りたがらない子どもへの声かけ

×「お風呂に入らないと不潔だよ」

○「入浴剤は何がいい?」

子どもがお風呂に入りたがらない場合、何らかの理由が考えられます。水が怖い、体を洗うのが不快、その他嫌な経験がある、もしくはお風呂に入るよりも優先したいことがある、などが考えられます。

季節や活動にもよりますが、体を清潔に保つことも健康管理には必要なしつけですから、いずれの場合も「お風呂に入ることが楽しい」と印象付けることが必要です。

✕「お風呂に入らないと不潔だよ」

この声かけは**抽象的過ぎて子どもには伝わりづらい内容なので、説得力に欠ける上に、脅しともとれるので、お風呂の印象がますます悪くなってしまいます。**そこで、こんな対応をしてみましょう。

○「入浴剤は何がいい？」

お風呂に入る楽しみを作る声かけです。この場合、おもちゃでも良いですし、親子で

ゆっくり会話をする場にしてもいいでしょう。

この時、子どもに決めさせる「リーダーシップ」を発揮する機会にすると、なお効果的です。**「○○くん（ちゃん）のおかげでお風呂が楽しかったよ！」とお風呂上がりに伝えれば、子どもは自分の力で親を楽しませることができたと、貢献の喜びを体験することができます。**ぜひ試してみてくださいね。

4 歯磨きをしたがらない子どもへの声かけ

✕「虫歯になって何も食べられなくなるよ」

✕「歯磨きしなさい！」

○「歯磨きが終わったら、何して遊ぶ？」

毎日行う歯磨きも、毎回毎回嫌がる子どもをなだめてやらせるとなると大変。すんなりと終わらせたいですよね。歯を清潔に保つことは、健康的な生活を送ることに直結しますから、気持ちよく習慣付けたいものです。

✕✕「虫歯になって何も食べられなくなるよ」
「歯磨きしなさい！」

当然と思えるこれらの声かけに効果がないことは、既に皆さまは経験済みでしょう。毎日同じことを言って疲れてしまう、という方もいらっしゃるのではないでしょうか。

そこで、こんな声かけに転換してください。

○「歯磨きが終わったら、何して遊ぶ？」

このメッセージは、当然、歯磨きはするものであり、歯磨きをしないという選択肢を与えていません。

歯磨きではなく、その後の楽しみに意識を向けさせることで、歯磨きを当たり前の習慣にするテクニックです。

子どもが嫌がることに意識を向けることは、「嫌がれば親に構ってもらえる」という誤った経験を与えてしまうことを知っておいてくださいね。

5 冬に薄着で出かける子どもへの声かけ

✕「風邪をひくから上着を着なさい」

○「寒くない？ 風邪をひかないか、お母さん心配だな」

子どもは晴れた日に長靴を履きたがったり、真冬に半袖を着たがったりと、時に大人には理解しがたい行動をします。微笑ましくも思えるこれらの行動ですが、真冬にTシャツ1枚で出かけられると、体調を崩すのではないかと心配になりますよね。

✕「風邪をひくから上着を着なさい」

風邪をひくと本人が辛いのはもちろん、家族にも影響が及びますから、予防したいという気持ちはとてもよく分かります。

でも、今現在元気な子どもにとっては、なかなか伝わりにくく、**ただ「命令された」と受け取ってしまいます。**

そこで、こんな声かけに変換しましょう。

○「寒くない？　風邪をひかないか、お母さん心配だな」

子どもが寒いと感じていないかと**寄り添い、風邪をひくのではないかと心配する声かけは、子どもにすんなりと伝わります。**そしてこれには、**薄着をすると風邪をひくかもしれないという教育的な要素も込められています。**

その結果、子どもが薄着で出かけたとしても、自分の判断で寒い思いをしたという当然の結果を体験することになり、次また出かける時の教訓になります。長い目で、これら一連の子どもの行動を見守っていきましょう

6 洋服を裏返しや、ボタンをずらして着る子どもへの声かけ

×「何歳になったら、ちゃんと洋服が着られるようになるの？」

○「一人でお洋服が着られて素敵だね」

子どもが裏返しで洋服を着たり、ボタンがずれて留まっていることに親が気づいた時、思わず指摘したり正しく直したりしたくなります。しかし効果的なしつけをするためには、一旦それらを控えるようにしましょう。

子どもの年齢や発達にもよりますが、**もし、練習が必要だと感じた場合、改めてその機会を作るのが良いでしょう。**その時には、ゲーム感覚で楽しい雰囲気で練習できるくらいの時間と、気持ちに余裕がある時が良いですね。

✕「何歳になったら、ちゃんと洋服が着られるようになるの？」

思わずこんな言葉が口から出そうになった時は、子どもが赤ちゃんだったころを思い出すようにしましょう。

たとえ正しくなくても洋服を自分で着られるまで成長したことに思いを馳せ、ここまで育ててきたご自分を称えてくださいね。親も子も、素晴らしいことなのですから！

○「一人でお洋服が着られて素敵だね」

自分で洋服を着ようとした子どものやる気を認める声かけをしましょう。

子どもによっぽどの問題がなければ、いつか必ず正しく着られる日がきます。この、**やる気を認める声かけは成長を促す特効薬にもなります**ので、ぜひ心の余裕を持って成長を見守っていきましょう。

そして、**できることに注目する子育ては、良い親子関係を築いていきますから、どうぞ「良いところ探しのプロ」になってくださいね。**

7 靴を左右逆に履く子どもへの声かけ

×「靴、逆に履いているよ」

○「カッコ良く身支度できたかな？」

洋服同様、これも年齢や発達に応じた関わりが必要になります。靴を左右正しく履くことは小さな子どもには難しいので、靴や中敷きに印を付けたり、子どもと一緒に楽しく工夫するのもお勧めです。

✕「靴、逆に履いているよ」

靴を左右逆に履いていると歩きにくそうに見えますし、転んでしまうのではないかと心配になって、思わずこう指摘したくなる気持ちはよく分かります。

しかし、自分で履いたところに間違いを指摘されては、子どものやる気を奪ってしまいますから、控えるようにしましょう。

○「カッコ良く身支度できたかな？」

玄関に鏡を用意しておいて、出かける前に全身をチェックする習慣をつけるといいでしょう。もし、鏡を見ても子どもが靴を逆に履いていることに気づかないなら、そのままお出かけしても構いません。

出かけた先で、他人から履き間違いを指摘された時は大チャンスです！　そこで、子どもは間違えて履いた結果を体験することができます。

「それでは、親が恥ずかしい思いをするじゃないか」と考えましたか？　子どもが間違えることはよくあること。大丈夫！　他人はあなたが思うほど気にしていませんから。

8 雨予報の日に傘《かさ》を持たずに出かける子どもへの声かけ

✕「傘を持っていきなさい」

○「雨予報だから、傘を持っていくといいと思うよ」

天気予報は雨。既にどんより曇り空。そんな時、大人だったら傘を用意して出かけるでしょう。でも、子どもは大人に比べて想像力が乏しく経験が浅いので、今の天気を見て「大丈夫！」と判断したりします。これは、特に男の子に多い傾向があります。

✕「傘を持っていきなさい」

子どもが雨に濡れないように傘を持たせたい気持ちから、こんな声かけをする親も多いでしょう。何気ないこの親の声かけも、実は子どもに「親にコントロールされている」という意識を与えてしまっていることにお気づきでしょうか？　また、親のほうも無意識に子どもをコントロールしようとしています。

人は、コントロールされていると感じることで反発心を抱いたり、自己評価を落としてしまいますので、要注意です。そこで、こんな声かけに変換しましょう。

「雨予報だから、傘を持っていくといいと思うよ」

雨予報であるという情報と、親の意見を伝えた後は、**傘を持っていくか持っていかないかの判断は子どもに任せてください。**そして、それを尊重するよう心がけてくださいね。

その先に経験する結果（雨に濡れる、傘を借りるなど）を、しっかりと子どもに経験させましょう。大人は子どもよりも経験値が多い存在として、アドバイスする程度に心がけるのが良いのです。

第6章

片付け

「この時間さえ片付いていればいい」と割り切るのがコツ

「うちの子、片付けができないんです」。片付けに関する子育てのご相談は、子どもの年代や性別を問わず殺到します。

大人だけの生活とは違い、子どもができてからは一気に物が増えます。一日中片付かない部屋にイライラ。どれだけ片付けても、ちっともスッキリしない……。こんなご家庭も多いでしょう。

子育ての片付けに関する問題で、まずご自分に問いかけてもらいたいことがあります。それは、**「いつ部屋が片付いていたら、ストレスを感じにくいですか？」**ということです。常に片付いていたい？　それとも、食事の時間には部屋が片付いていたい？　夜寝る時に片付いていたい？

一日中部屋が片付いているのが理想、という方もいらっしゃると思いますが、子どもとの生活でなかなかそれは難しいですよね。そこで、ハードルを少し下げて、「譲れるポイント」を設定してみましょう。

この答えが明確になったら、あとは簡単！　**それを実現する仕組み作りをするだけ**です。

例えば、「部屋が汚いまま食事をするのはストレスだ」という方は、「食事の前には片付いていたらOK！」であり、「食事の前に片付けをする」時間を作り、片付けが済んだら食事を出すという仕組みにします。また、「朝起きた時に部屋が散らかっていると、うんざりする」という方は、「夜寝る前に片付ける」時間を設ける仕組みを作ります。

このように片付ける時間を設定することで、**一日中頭を占領している「片付けをしなくちゃ！」という意識から解放されることにもなり、ストレスが大幅に減少**します。こんなふうに聞くと、思考も気持ちもとってもシンプルになりませんか？

それでは、片付けに関する子どもへの具体的な対応について考えていきましょう！

1 部屋の片付けをしない子どもへの声かけ

× 「片付けなさい！」

○ 「その遊びが終わったら、一緒に片付けようか」

部屋の片付けをしない子どもを見ていると、イライライライラ。中には、こんなに片付けが下手で将来が心配になるというお声も聞きます。

この時に注意したいのが、親の対応次第で、子どもは誤った経験を積んでしまうことになるということです。その誤った経験とは、**「部屋を片付けなければ親の注目を引くことができる」**ということ。これを経験した子どもは、決して自ら部屋の片付けをしようとはしません。

なぜなら、部屋を片付けると親に注目してもらえないと感じているからです。これは無意識の領域なので、**たとえ怒られて嫌な気持ちになったとしても、「注目してもらえる」ということは、子どもにとっては何よりのご褒美なのです。**

✕「片付けなさい！」

散らかった部屋を見ると、当然そう言いたくなりますよね。でもこれで、すんなりと子どもが部屋を片付けるようになったというご家庭は、あまりないと思います。

むしろ、「毎日毎日同じことばかり言って、うんざり。ストレスが増すばかり」というご家庭が多いでしょう。

その理由は、前述した通り、片付けをしなければ親の関心を引くことができるという経験を重ねてきたからです。とはいっても、子どもも無意識に感じていることなので、全くの無自覚ではあるのですが。

○「その遊びが終わったら、一緒に片付けようか」

この声かけは、片付けができるという信頼の上に成り立っています。片付けをするタイミングを設定しておくことで、誤った経験を回避することができます。そして、部屋がきれいになって気持ちがいいという成功体験につなげていきましょう。

2 片付けをした時の子どもへの声かけ

×「次からもちゃんと片付けをしてね」

○「部屋がきれいになると気持ちがいいね」

子どもが片付けをした時、つまり、良い行いをした時の親の対応次第で、子どもの中に育まれるものや今後の言動が、大きく変わるということを知っておいてください。これこそが効果的なしつけであり、親から子どもへのギフトになるので、ポイントを押さえておきましょう。

✕「次からもちゃんと片付けをしてね」

いつもは片付けをしない子どもが、ようやく自分で片付けをした時、思わずこんな一言をかけたくなりますよね。

でもこれも、再び子どもに誤った認識をさせることになるので要注意！「片付けしなければ注目するわよ」という宣言をしているようなものなのです。そう、親が正しいしつけだと考えて言う言葉の中には、思ってもいない効果を生むことがたくさんあるのです。

では、どんな声かけが良いのでしょうか？

○「部屋がきれいになると気持ちがいいね」

これは、部屋がきれいになることを成功体験として学習させる声かけです。部屋が片付いていない時と、部屋が片付いている時の感じ方の違いを実感させ、**自分の行動次第で気持ちの良い環境を用意できるのだという正しい経験をしたことを、実感させることができ**

ます。

この成功体験を積んでいくことは、1回では明らかな効果は分かりづらいかもしれません。でも、**目には見えなくても、子どもの中で自己肯定感がしっかりと上がっていく**ので、根気よく続けていってくださいね。

3 物を出しっ放しにする子どもへの声かけ

×「片付けないなら捨てますよ」

○「大事なものだと思うから、失くさないか心配だから片付けようね」

これもよくあるご相談です。使ったら片付ける。この一つの習慣を子どもに身に付けさせるにも一苦労……という経験をされている親も多いでしょう。この場合も、親も子もストレスのない、効果的なしつけをしていきたいですよね。

✕ 「片付けないなら捨てますよ」

この言葉は、一種の「脅し」です。もしこれで片付けるようになったとしても、それは正しいしつけにはなりません。**脅されることの恐怖感から生まれる行動は、自分の意思とは無関係なので、自立から遠のいてしまいます。**

そして**脅しが良くない理由**は、もう一つあります。それは、**「大好きな親に脅される自分は悪い子なんだ」と、自己評価を下げてしまうこと。**片付けができないからといって、愛する我が子の自己評価を下げたいと思う親はいないはずですよね。それとも、「これだけ言っても言うことを聞かないのだから、当然だ」と、今のしつけというより脅しを続けますか？

○ 「大事なものだと思うから、失くさないか心配だから片付けようね」

一方でこれは、片付ける目的をはっきりと認識させることで、責任感を育む対応です。「失くさないか心配」という親の言い回しは、物の所有権はあくまでも子どもであり、子どもの責任で管理ができるという、**子どもの能力への信頼が大前提になっている**ことに注目してください。

そして、**「心配だから」という言い回しは、強制することなく子どもに寄り添っている言葉がけになります。**

そうすることで、子どもが自ら片付けをする意識と行動が生まれます。その結果、万が一子どもが失くし物をしたとしても、自分の責任として捉えることができるようになるのです。

4 物を大切にしない子どもへの声かけ

✕「物を大事にしないと罰が当たるよ」

○「大事にしてほしいな」

あんなに欲しがって買ったおもちゃなのに、買った途端に大切にしなくなる……。買ってあげた親としてはガッカリしますよね。

✕「物を大事にしないと罰が当たるよ」

「～しないと、罰が当たる」は、子育てにおいてよく聞かれる代表例。当たり前のように使っているこの言葉がけですが、これで子育てがうまくいった！という声は聞いたことがありません。
そんな時の**声かけのポイントは、「否定形の言葉を使わない」ということ。「〜しない」という否定形の言葉を脳は理解できない、とまでいわれています。**さらにこの声かけは何度もお伝えしている通り、脅しの意味も含まれているので要注意。効果的なしつけとはいえません。

「大事にしてほしいな」

これは、**あくまでも物の所有権は子どもであり、責任も子どもにあるというメッセージであり、親が子どもの行動を強制しない意図があります。**

強制はしないけど、親の「大事にしてほしい」という気持ちを伝えることができます。
これを伝えた後に子どもがどうするかは子ども次第なので、**あとは親は自分のことに集中すればいい**のです。このことは、**親と子どもがお互いを尊重し合える関係性につながっていきます。**

5 人の物を許可なく使う子どもへの声かけ

✕「人の物を勝手に使ってはいけません」

○「これはお母さんの大事な物だから、次から使いたい時は一言ちょうだいね」

「貸して」「いいよ」のやり取りを幼稚園や保育園でも教えてもらうこともありますが、これは、社会性を身に付けるしつけの一つです。

この社会性を家庭でも身に付けることができます。自分の物、お母さんの物、お父さんの物、兄弟姉妹の物、みんなの物。物の所有権を明らかにして、社会性を磨いていくしつけを考えていきましょう。

✕「人の物を勝手に使ってはいけません」

一見正しいしつけをしているようなこの言葉ですが、この**「〜してはいけません」という禁止用語は、内容にかかわらず「否定された」という記憶が残ってしまい、反発の気持ちを生んでしまいます。**これでは正しいしつけが子どもに伝わらずもったいないと思いませんか？
そこで、こんな声かけをお勧めします。

「これはお母さんの大事な物だから、次から使いたい時は一言ちょうだいね」

これは、**物の所有者を明らかにすることと、自分以外の人の物を使う時は許可を得る必要があることを伝えています。** 大人にとっては当然のことでも、経験の浅い子どもには丁寧に伝える必要があります。

今すぐできなくても、社会性を身に付ける練習だと思って、成長に期待しながら根気よく伝えていきましょう。

6 物を乱暴に扱う子どもへの声かけ

✕「物を大事にしなさい！」
○「あなたが乱暴に使うのを見ると、残念な気持ちになるの」

子どもがおもちゃや家の物を乱暴に扱う様子を見ると、思わず怒りたくなったり、暴力的な子どもに育ったらどうしようと、心配な気持ちになる親もいらっしゃるでしょう。

✕「物を大事にしなさい！」

物を大事にしている・していないの線引きは人によって違います。経験の浅い子どもにとっては、いっそうあいまいですから、なかなか伝わりにくいのです。また、なぜ物を大切にするのか、その意味自体が理解できないということもあります。

そこで、こんな親の思いを伝えてみましょう。

○「あなたが乱暴に使うのを見ると、残念な気持ちになるの」

乱暴な行いは人を不快にさせる、ということを伝えるのです。

とりわけ、大好きなママやパパをガッカリさせたり悲しませることは、子どもにとっても悲しいことです。この、**親の気持ちをはっきり伝えるということも、子どもにとっては大切な経験になる**ことを知っておいてくださいね。

第7章

睡眠

睡眠も子どもに責任を持たせることができる

「寝る子は育つ」という言葉がある通り、質の良い睡眠は子どもの健やかな成長には欠かせません。毎日決まった時間に寝かしつけ、十分な睡眠時間を確保するよう努力している親は多いと思います。

また、子どもが寝た後はようやくホッと一息つける、自分の時間。それを楽しみに、一日の最後の子どものお世話を頑張っているという方もいらっしゃるでしょう。ここでは、そんな子どもの睡眠について考えていきましょう。

皆さん既にご存じの通り、成長段階にもよりますが、睡眠時間には個人差があります。一人一人に合った関わり方を工夫することで、子どもは自分の睡眠にも責任を持つことができます。

また、睡眠中は成長ホルモンがたくさん分泌されるだけではなく、脳の情報処理が整理されることも分かっているので、心穏やかに眠りにつき、気持ちよく一日をスタートさせる目覚めを目指していきたいですね。

1 朝、自分で起きない子どもへの声かけ

×「いい加減に自分で起きなさい」
〇「朝は眠いよね」

自分で起きない子どもを毎朝起こすのは、なかなか大変です。いつまで子どもを起こす毎日が続くのかと、うんざりしますよね。将来自立した時に自分で起きられないのではないかと、心配になるというお声も耳にします。

×「いい加減に自分で起きなさい」

毎日ともなると、いい加減に自分で起きてほしいと、親が怒りたくなる気持ちになるのも分かります。

そうは言いながら、ちゃーんと毎朝起こしてもらえることを、これまでの経験から子どもは知っているので、自分で起きようとしないのは当然なのです。

では、どんな声かけが効果的なのでしょうか。

○「朝は眠いよね」

心を込めてそう言いましょう。たったこれだけでいいのです。子どもは、親にあるがままの自分を認めてもらえた安心感から、自分で起きようとする意識が芽生えます。

丁寧に寄り添い理解を示すことが、子どもの苦手を克服する力になることを覚えておいてくださいね。そう、親が怒りたくなる時ほど、優しく寄り添うことが解決に向かう近道なのです。

2 寝起きの悪い子どもへの声かけ

×「さっさと起きなさい」

○「朝ごはんはあなたが好きなメニューだよ」

睡眠時間にもよりますが、寝起きが良い・悪いは、個人差があります。寝起きの悪い子どもを良くしようとするのはなかなか難しいことですから、親も子も気持ちよく一日をスタートさせられる工夫をしていきましょう。

✕「さっさと起きなさい」

寝起きの悪い子どもに手を焼く親は多いと思います。何とかならないかと、あれこれ工夫をしたけれどうまくいかず、結局「さっさと起きなさい！」と声を荒げることになる、という親も多いことでしょう。

しかし、この言葉を既に聞き慣れた子どもにとっては、何の効果もありません。

○「朝ごはんはあなたが好きなメニューだよ」

この場合、**子どもが気持ちよく起きられるアイテムを用意しましょう。**特別なものでなくてもいいのです。子どもの好きなメニューを一品用意するのです。

調理するのが大変なら、チーズやヨーグルト、バナナなどのすぐに食べられるフルーツもいいでしょう。パンなら子どもの好きなジャムを用意したり、ご飯ならふりかけを用意したり。複数から選ばせるのもお勧めです。

3 約束の時間になっても寝ない子どもへの声かけ

✕「9時には寝なさいって言っているでしょ！」

○「もう、寝る時間を自分で決められると思うんだけど、何時に寝ることにする？」

夜8時、9時になると、「早く寝かせなくては！」と親のほうが焦ってしまう、というご家庭が多いようです。何となく、夜9時には子どもは寝るもの！という風潮がありますが、よく考えてみると全てのことに個人差があるのに、寝る時間だけ一律なのはおかしいですよね。

この場合、子どもと話し合って、寝る時間を決めることが大切です。

✕「9時には寝なさいって言っているでしょ！」

早く寝かせたい気持ちから発せられるこの言葉ですが、**一方的に約束事を決められたとしたら、子どもが納得しないのは当然**です。

そこで、こんな声かけをしてみましょう。

「もう、寝る時間を自分で決められると思うんだけど、何時に寝ることにする？」

これは、**寝る時間にも子どもに責任を持たせる方法**です。

子どもが設定した時間を尊重することにしましょう。**あまりにも遅い時間を設定したら（親を試すことがあります）、一度だけ「もう少し早い時間がいいと思うんだけど」と親の意見を言ってもいいのですが、最終的な決定は子どもに任せてください。**

もしその時間を過ぎて子どもが起きていても、もう寝たものとして親は自分のことに取り組んでくださいね。このことで、子どもに責任感を覚えさせることができるのですから。

4 夜更かしをする子どもへの声かけ

✕「早く寝なさい！」

✕「夜更かしするなら、明日の朝は起こさないからね！」

○「こんな遅くまで起きていたら、明日の朝起きられるか心配だな」

成長に欠かせない睡眠時間が短くなるのは、親としては心配になりますよね。でもこれは、子どもの自立心を育むチャンス！

どれくらいの睡眠で朝は気持ちよく起きられるか、昼間に眠くならずに一日を元気に過ごせるかなど、子どもが自らの体験を通して学習することのできる機会として、前向きに捉えていきましょう。

✕「早く寝なさい！」

✕「夜更かしするなら、明日の朝は起こさないからね！」

この、脅しや罰を与える声かけには、何のしつけの効果もないどころか、子どもの自己評価を下げてしまうことは、これまでも述べてきました。

このような困った時ほど、子どもの成長を促すチャンスだと覚えておいてくださいね。次のような言葉に変換しましょう。

「こんな遅くまで起きていたら、明日の朝起きられるか心配だな」

子どもより経験の多い人生の先輩として、また、子どもを大切に思う親として、心を込めて優しく伝えるようにしましょう。

この言葉をかけられた子どもは、**自分の寝る時間に責任を持とうとする意識が芽生えます。** その意識が、自分に必要な睡眠時間を確保するという自主的な行動につながるのです。

年齢が上がるにつれて必要な睡眠時間は変化します。それも成長の一つとして見守っていけるといいですね。

第8章

学校生活

直接関われる時間の声かけが成否を決める

子どもが小学校に入学すると、大きくなったのだなあと成長を実感します。まだまだ幼いと思っていた我が子がランドセルを背負って登校する姿は、何とも感慨深いものです。本章では、子どもの学校生活に関するお話をしていきましょう。幼稚園や保育園のお子さんにもお使いいただける内容ですので、ぜひ参考にしてくださいね。

入学、入園をすると、家庭で過ごしていた時と比べて親子の関わりが少なくなります。社会デビューの第一歩であり、子どもが家庭から離れて自立へ向かう練習が始まります。子どもはどんどん自分の世界を広げていきますし、親にとっても、家庭と子どもを切り分ける一種のトレーニングになります。

親の目が届かないシーンでの子どもの活動に、親は心配になったりするものです。自分の目で確かめられない分、子どもから聞く話を元に、間接的な助けが必要となることも増えます。だからこそ、**より親子の信頼関係を深められる関わりが必要になる**といえるでしょう。

ただし、この関わり方には、ちょっとした声かけを使ったテクニックが必要になります。家庭でたくさん練習をして、子どもが社会で本番を迎えられるように、親は声かけテクニックを磨いて、子どもの健やかな成長に手を貸していきましょう。

1 体調は良いが、学校を休みたいと子どもが言った時の声かけ

×「ズル休みはいけません。学校へ行きなさい！」

○「学校に行きたくないのね」

体調は悪くないけれど、学校を休みたいと子どもが言ったら、あなたならどんな対応をしますか？

当然登校すると思っていた場合、全くの予想外の展開にビックリしますよね。とりわけ留守番ができない年齢では、在宅勤務ができなければ親も休暇を急きょ取得したりなどで、大変になります。

✕「ズル休みはいけません。学校へ行きなさい！」

どう見ても子どもの体調が良さそうな場合、こんな声かけをしてしまうこともあるでしょう。

でも、子どもには学校に行きたくない理由があるのです。「ズル休み」と決めつけて、**こういった禁止や命令の声かけをしてしまうと、子どもは自己防衛のために本当のことが言えなくなり、問題の解決から遠ざかってしまいます。まずは子どもが正直に話せる状況を作ることが大切**です。

体は元気でも、心が風邪をひいてしまっている場合もあります。そこで、次のような声かけをしてみましょう。

○「学校に行きたくないのね」

まずは、**学校に生きたくない子どもの気持ちを認めましょう。その次に、「何か理由はあるの？」と聞いてみてください。この順番がとても大切**です。あるがままの気持ちを認められた子どもは、正直な理由を話したくなります。順番が反対になるだけでも、子どもは親に責められるかもしれないという保身の気持ちから、本当のことを言えなくなってしまいますから、注意しましょう。

2 先生への不満を口にする子どもへの声かけ

✕「先生のことを悪く言うものじゃありません」
✕「代わりにお母さんが先生に電話して、文句を言ってあげるわね」
○「先生のやり方に納得しないのね」

これは、担任の先生との関係に悩むケースです。子どもの口から先生への不満を聞いた時、あなたならどんな気持ちになりますか？

日ごろの子どもや先生のタイプ、親子関係にもよりますが、先生と子どものどちらが正しくてどちらが間違っているか、無意識にジャッジしようとしていませんか？

✕「先生のことを悪く言うものじゃありません」
✕「代わりにお母さんが先生に電話して、文句を言ってあげるわね」

どちらの声かけも、まさしくジャッジしているといえます。**これではまるで裁判官**です。

子どもは、大好きな親であるあなたに何を求めているか、考えたことはありますか？

それは、裁判官になることでしょうか？　いいえ、違います。

○「先生のやり方に納得しないのね」

そう、**子どもは、自分が抱いている気持ちを認めてほしい**のです。

子どもは、学校で何かしら納得がいかない出来事があったのでしょう。それが何かが分からなくても、子どもの様子から、気持ちをうかがい知ることができます。そんな子どもの気持ちに注目し、言葉にするようにしましょう。

子どもは気持ちを認められると、自ら問題を解決しようとする勇気が湧いてきます。ですから親は、**この声かけをすることで間接的に解決に向けて手を貸すことができる**のです。

3 泣きながら帰宅した子どもへの声かけ

✕「何があったの？」

○「悲しいことがあったのね」

子どもが泣きながら帰宅した時、親は何があったのかとビックリして動揺するでしょう。愛する我が子に何かトラブルがあったのかと、不安な気持ちになるのも当然です。

そして、いったい何があったのかと事情を聞きたくなるでしょう。

しかし、このような時こそ、急がば回れ。その前にやるべき声かけがあるのです。

✕

「何があったの？」

子どもが泣いて帰宅したら、直ちに泣いている原因が知りたい！　親としてそう思うのは当然です。

でも**まずは、子どもの気持ちを落ち着かせて、しっかり話せる状態を作ることが優先**です。**原因を知ることはその後でもできます**からね。

〇

「悲しいことがあったのね」

まずは、こんな声かけをしましょう。さらに精度を高めるのなら、子どもの泣き方や表情を読み取って、「泣くくらいイライラしたことがあったの？」「悔しいことがあったのね」など、工夫して言い換えてみるといいでしょう。

この時に子どもに何が起きたのか分かりませんが、**確実に分かることがあります。それは、目の前にいる子どもの気持ち。**

何か問題があった時こそ、目の前の確かなことから丁寧に対応していきましょう。そうすることで、解決するべき問題がはっきりと見えてきますよ。

4 落ち込んだ様子で帰宅した子どもへの声かけ

× 「どうかした？」

○ 「落ち込んでいるように見えるんだけど……」

暗い表情で帰宅する子ども。明らかに何か嫌なことがあったのだな、と感じた時、どんな対応が良いのでしょうか？

× 「どうかした？」

この声かけに応えてくれるお子さんなら良いのですが、**「別に……」などと話さない場合もあります。**

事情を知りたい気持ちから、インタビュアーのようにあれこれ詮索《せんさく》して聞きたくなる気持ちは分かりますが、**話すか話さないか、または話すタイミングは、子どもに任せて尊重するのがいい**でしょう。

話したくない時にしつこく聞かれた経験のある子どもは、次から表情さえも悟られないようにと学習します。そうなってしまっては、親は手助けすることができなくなってしまいますからね。

そこで、次のような声かけに変換しましょう。

「落ち込んでいるように見えるんだけど……」

そう伝えて、あとは子どもが話したくなったら話すだろうと、おおらかな心で待つようにしましょう。「お母さんに力になれることがあったら、いつでも言ってね」と付け加えてもいいでしょう。

これは、親から子どもへの絶大な信頼を伝えることになります。この信頼を受け取った子どもは安心すると同時に、問題に立ち向かう勇気が育ちます。

「お母さんに聞いてもらいたい」「お父さんに相談したい」——子どもから相談を持ち掛

けられる、そんな信頼を置かれた親の在り方がここにはあります。

5 友だちとケンカをしたと言う子どもへの声かけ

✕「どうしてケンカしたの?」

✕「どっちから先にケンカを仕掛けたの?」

〇「お友だちとケンカをして、悔しい思いをしたのね」

友だちとのケンカに、親はどこまで介入するかの判断に迷うというお声をよく聞きます。親の見ていない場面でのトラブルは、子どもの話からしか状況をうかがい知ることができません。でも、相手の話を聞いてみたら全く違っていた、という経験をどなたでも一度はしたことがあるでしょう。

人は、自分のフィルターを通して物事を見ているので、同じシーンでも受け取り方が違います。ですから、話が食い違うのは当然のこと。それを念頭に置いて、子どもの話を聞くように心がけましょう。

ただし、子どもの話を疑えということではありません。あくまで、**「子どもの受け取り**

方と実際に起きたことは必ずしも一致するとは限らない」という事実を知っておくことが問題の解決への近道になる、ということです。

✕「どうしてケンカしたの？」

✕「どっちから先にケンカを仕掛けたの？」

このように、状況を尋ねても必ずしも解決には向かわないことを心得ておきましょう。

この場合も、親は裁判官にならないように気をつけてください。

親のあなたが本来やるべき役割があります。それは、どんな時も子どもの気持ちを受け止めて、存在価値を認めてあげることです。それが、効果的な解決へつながる、第一歩になるのです。

そこで、次のような声かけに変換しましょう。

○「お友だちとケンカをして、悔しい思いをしたのね」

この声かけは、子どもの思いを代弁しています。状況がどうであれ、子どもの存在価値を認める声かけです。

全ての過ぎてしまった状況を正確に知ることはできませんが、目の前にいるお子さんの気持ちは確かなものです。ですから、このような場面では、**まずは状況ではなく気持ちに注目するようにしましょう。**

親の介入が必要か否かは、その後に判断すればいいのです。

6 学校に行く意味が分からないと言う子どもへの声かけ

✕「とにかく学校には行きなさい」

✕「学校に行かないと将来困るわよ」

○「学校に行く意味が分からなくなっちゃったのね」

突然子どもに「学校に行く意味が分からない」と言われたら、あなたなら何と答えますか？　学校に行く意味を考えたことがある方は答えられるかもしれませんが、そうでない場合は困ってしまいますよね。

✕「とにかく学校には行きなさい」

✕「学校に行かないと将来困るわよ」

学校に行ってほしい、学校に行かないと困る！という思いから、こんな言葉をかけることもあるでしょう。

でも、**これらの言葉は何の説得力もない**ことは、ご経験済みの親も多いでしょうし、何となく想像はつきそうですよね。子どもの疑問や気持ちに誠実に応えているとは言い難く、**そんな親に子どもは不信感さえ抱いてしまう**かもしれません。

○「学校に行く意味が分からなくなっちゃったのね」

この場合もまずは、子どもの思いを認めま

しょう。そして次に、学校に行く意味を一緒に考えればいいのです。分からないなら考えたらいい。なければ作ればいいのです。この親子の関わりは、大変かけがえのない時間です。

この場合、「義務教育だから」とか「将来困るから」などの**一般論だけではなく、「その子にとっての学校の意味」も探すようにしましょう。**とはいっても、**明確な答えが見つからなくても構いません。**例えば、「休み時間に友だちと遊ぶのが楽しい」とか「給食が楽しみ」などでもいいのです。

親子のこの関わりこそが、子どもの生きる力になるのですから。

7 友だちに仲間外れにされた子どもへの声かけ

✕「私がその子のお母さんに電話してあげるわ」

✕「あなたが先に何かしたから、仲間外れにされたんじゃないの？」

○「お友だちに仲間外れにされて悲しかったのね」

お友だちに仲間外れにされたと子どもから聞かされて、胸が痛まない親はいるでしょうか？　直ちに何とかしてあげなくちゃ！と、頼まれてもいないのに、解決の方法を頭の中で探し始めていませんか？

このように、子どものトラブルは一瞬で、子どもから親へ人生の主体を変えてしまいます。これまでもお伝えした通り、子どもの人生の主体は子ども自身であるべきですから、親はあくまでも脇役としてサポートをするよう、心がけてくださいね。

✕
「私がその子のお母さんに電話してあげるわ」

あらあら。**人生の主体が子どもから親に、すっかり入れ代わってしまいました。**

また、ある時には、

✕
「あなたが先に何かしたから、仲間外れにされたんじゃないの？」

日ごろの子どものタイプによっては、こう疑いたくなることもあるでしょう。でも、親が見ていない状況で、傷ついているであろう子どもに、**憶測で有罪判決を言い渡すのは、あまりにも残酷**ですよね。

〇「お友だちに仲間外れにされて悲しかったのね」

この場合も、子どもの気持ちに注目しましょう。仲間外れにされて喜ぶ子どもはいません。

この声かけをされて育った子どもは、「うん」と答えたり、「悔しかったんだ」「寂しかった」などど、その時の正直な気持ちを話せるようになります。

これは一種のカウンセリングの技術で、子どもの気持ちを癒すことができます。この時、**親は子どもの気持ちを決して決めつけないように注意する**ようにしましょう。

8 先生に怒られて帰宅した子どもへの声かけ

×「何をして怒られたの？」

〇「先生に怒られて落ち込んでいるのね」

子どもが先生に怒られたと親が知った時、どんな怒られるようなことをしたのかと、親の胸がザワザワしたりします。そしてこの時、子どもが怒られることで、子どもだけでなく、親の評価や価値が下がったと無意識に感じてしまう方がいます。

声を大にしてお伝えします。**子どもが怒られることで、子どもはもちろん、親のあなたの価値が下がることはありません。**このことは、確かなこととして心に留めておいていただきたいと思います。

✕「何をして怒られたの？」

子どもが先生に怒られたと知った途端、犯人確定。有罪判決を言い渡すことはありませんか？　それは、**親の不安からくる反応**だということに気づいていますか？

そもそも、怒られたことに子どもは納得しているのでしょうか？　先生と生徒という関係性であっても、人間同士のやり取りです。**捉え違いや勘違いがあって、双方またはどちらかが納得していない可能性だって少なからずある**のです。

以上を念頭に置いて、**決めつけることなく子どもの話に耳を傾けましょう。**

○「先生に怒られて落ち込んでいるのね」

この声かけは、子どもの味方も、先生の味方もしていないことにお気づきでしょうか。

さらに言うと、**親の評価や判断を含んでいません。**

子育てにおいては、この姿勢が非常に大切になります。なぜなら、**親が子どもの話から**
どちらか一方に加担してしまうと、子どもはそれを利用して自分が不利にならないよう、
立ち居振る舞う術を身に付けてしまうからです。これでは問題が複雑になって、解決が難しくなってしまいます。

一方で親のこの在り方は、**フェアプレーの精神を子どもに体験させる**、大変価値のある対応の仕方です。親のトレーニングが必要になりますが、習得することで親も子も質の高い人生を送ることにつながるので、ぜひとも参考にしていただきたいと思います。

9 学校に遅刻した子どもへの声かけ

× 「明日からは遅刻をせずに学校に行きなさい！」

○ 「遅刻をして困ることはなかった？」

子どもが何事もなく時間通りに登校してくれたら、親は安心して一日を始められます。

しかし子どもが遅刻をすると、親のほうがソワソワしてしまうことがあります。

でも、ピンチはチャンス！　遅刻をすることで得られる学びがありますから、親はそこに注目しておおらかに対応していきましょう。

✕「明日からは遅刻をせずに学校に行きなさい！」

この対応は、親の一方的な価値観で、遅刻した子どもを否定してしまっています。万が一子どもが遅刻したことを反省していたとしても、**親にこう言われたら素直に反省する気持ちも失せてしまう**でしょう。同じような経験、あなたにもありませんか？

○「遅刻をして困ることはなかった？」

遅刻をして困る経験を、はっきり認識させる声かけです。

自分の「遅刻をしたという行動」から生じた結果（怒られた。授業が分からなかった。気持ちが焦ったなど）を**子ども自身にしっかりと感じ取らせ、行動を改めるきっかけを作ってあげましょう。**

そして、子どもから**遅刻をしたことで困ったという経験を聞いた時、「それは大変だったね」とだけ答えてください。**

もし**「特に困ることがなかった」と子どもが答えた場合は、「そうなのね」と、にっこ**

り答えるようにしましょう。遅刻から学ぶ機会は、またこの先に訪れるかもしれないと、おおらかな気持ちを持つようにしてください。

10 学校がつまらないと言う子どもへの声かけ

× 「そんなこと言わずに学校に行きなさい」

× 「学校なんてそんなものなのよ」

× 「自分で楽しくなるようなことは考えられないの？」

〇 「学校がつまらなくなっちゃったのね」

通学していると、学校がつまらないと感じることもあり得ます。これは、子どもが自分の意思や考えを持っている証拠ですから、その思いを否定することなく、その子どもの成長に応じた親の関わりができるといいですね。

×「そんなこと言わずに学校に行きなさい」

×「学校なんてそんなものなのよ」

×「自分で楽しくなるようなことは考えられないの？」

学校がつまらないと言う子どもに、これは困ったと、慌てて「気のせいよ〜」と言わんばかりのその場しのぎの対応をしていませんか？　これでは全く子どもの気持ちに寄り添っておらず、**「親は分かってくれない」と子どもは記憶してしまいます。**

○「学校がつまらなくなっちゃったのね」

解決しようと思う前に、**まずはこの寄り添いの言葉をかけましょう。**

そして**次に、つまらない中でも、少しでも楽しいことを見つけたり楽しくなるようなことを考えたりとアイデアを出し合う**、そんな親子の会話ができるといいですね。

そうすると、どんな状況も工夫次第で楽しめる術があるということ、また、あなたにはそれができるという自信を子どもに与えられます。

この時に注意しなければならないのは、子どもは親の関心を引きたくてこのような発言をする場合があるということです。

どちらにせよ、親が子どもの能力を信じ、期待しているという基本姿勢を忘れずに、子どもと接するようにしましょう。

第9章

小遣い

社会性や教養が親子で学べる絶好のチャンス！

お小遣いに関するしつけは、子どもにとても多くの社会性や教養を伝えられる機会です。お金の扱いから学ぶことはとても多く、**親子で一緒に成長していける絶好のチャンス**だといえます。

経済の知識、時代の流れなど――複雑で変化し続ける社会の仕組みを、どの程度家庭内で学ぶことができるかは家庭によります。ただ、お小遣いを通して、少なくとも社会生活を営む上で最低限必要な知識と経験を伝えることができます。

お小遣いの与え方や価値観は、ご家庭によって様々です。何歳から与えるか、無条件で毎月与える月額制にするか、家の仕事（お手伝い）に応じて与える賃金制にするかなど、まずは**その方法を家族で話し合うようにしましょう。最初は親だけで決めても良いでしょう。**

家庭の中の決まり事やルールは最初から完璧にしなくても、使いながら改善を繰り返していくという柔軟性が大切です。本章では、そんなお小遣いについてのお話をしていきますね。

1 お小遣いが足りないとせがむ子どもへの声かけ

✕「あなたの使い方が悪いんでしょ？」

〇「欲しいものがあるのね」

お小遣いが足りないと子どもにせがまれた時、あなたはどんな対応をしますか？　親からしたら十分与えているのにと、困ってしまう方もいらっしゃるでしょう。

しかし、子どもはお小遣いを通して少しずつお金の管理を覚えていく途中です。そのことを念頭に置いて対応を考えていきましょう。

✕「あなたの使い方が悪いんでしょ？」

うまくいかなかったことを責められたら、子どもは自信を失くしてしまいます。

与えられた範囲でやりくりをするのが好ましいのは確かです。でも先述した通り、子どもはそれを学んでいる途中ということを忘れないようにしましょう。大人でも毎月のやりくりは大変ですからね。

「**欲しいものがあるのね**」

お小遣いが足りないということは、欲しいものがあるのに買えないということが考えられます。

〈欲しいものがある⬇買いたい⬇お金が足りなくて買えない⬇お小遣いが足りないからだ！〉という一連の子どもの気持ちの、スタートの部分を親が代弁することで、子どもも自身が自分の気持ちと、解決すべき問題を明らかにすることができます。そうして、**問題に向き合う姿勢が作られる**のです。

この、**「最初に戻る声かけ」は、様々なシーンで活用できるので、子育てのテクニックとして身に付けておきましょう。**

② お小遣いをもらった日に全て使う子どもへの声かけ

✕「**お小遣いは計画的に使いなさい**」

◯「一緒に計画を立ててみない？」

お小遣いをもらった日に全て使い切るタイプの子どもがいます。普段やりくりをしている大人には、考えられないことですよね。

ただこれは、子どもの立場になると、「お金があるから使った」という、とてもシンプルなこと。子どもは、「今全てお小遣いを使ったら、次のお小遣いをもらう日までどうなるか」など、**まだ起きていないことを想像できるようになるには、たくさんの経験が必要です。**

✕「お小遣いは計画的に使いなさい」

計画性という考え方は目に見えないので、経験の浅い子どもが理解するには非常に難しいことです。ですから、**「目に見えないこと」を「目に見えるようにする」という工夫をお勧めします。**

そこで、こんな対応をしてみましょう。

○「一緒に計画を立ててみない？」

カレンダーやスケジュール帳に、お小遣いをもらう日付や金額、使う予定を書き込むやり方です。**可視化することで頭がスッキリしますから、見通しを立てて計画することが期待できます。**

ただ、このやり方を実行するには、親子の信頼関係が築けていることが前提になります。そうでない場合だと、子どもは「また親に言いくるめられるのではないか」と、好意的に話し合いに参加する姿勢が持てないからです。

このように、**効果的なしつけを行うには、良好な親子関係が前提となります。日ごろからお互いを尊重し認め合えるコミュニケーションを心がけていたら、しつけはとてもラクに**なりますよ。

3 お小遣いを全く使わない子どもへの声かけ

×「ケチな子ね」

○「使いたいものがないのね」

羽振りのいい子どももいれば、全くお金を使わない子どももいます。これは子どものタイプにもよりますが、あまりにもその程度が極端に偏ってしまっていると、親は心配になるものです。

✕「ケチな子ね」

思わずこんな言葉が口から出てしまうこともあるでしょう。

しかし、親の価値観で子どもの行為を否定することは、**子どもの健やかな成長に手を貸すとは言い難い**ので、このような声かけは控えるようにしましょう。

代わりに、こう言えばいいのです。

○「使いたいものがないのね」

お金を使わない子どもは、お金を貯めることが好き。もしくは、そもそも、お金を使うことに興味関心がないのかもしれませんね。

子どもがそれで満足しているのであれば、何の問題もありません。そんな子どもの在り方を尊重しましょう。

それに、普段お金を使わない子どもがお金を払ってまで手に入れたいものは、その子どもにとって大変価値があるということ。それが何なのか、楽しみに見守っていきたいですね。

4 子どもがお小遣いはいらないと言った時の声かけ

✕「お小遣いを欲しがらないなんて、変な子ね」

○「お小遣いをもらわなくても、今の生活に満足しているのね」

少数派ではありますが、お小遣いを欲しがらない子どももいます。

子どもがお小遣いをもらうことが当たり前と思っていた大人にとってはビックリするかもしれませんが、これも子どもの個性の一つとして尊重してあげましょう。

✕「お小遣いを欲しがらないなんて、変な子ね」

これは、お小遣いをもらうのが普通という一般論に当てはまらない子どもを、否定してしまっています。**「少数派」を「変」と置き換えることがないようにしましょう。**

子どもの個性や価値観を否定することは、存在価値を低くしてしまうこととイコールだということを知っておいてくださいね。

◯「お小遣いをもらわなくても、今の生活に満足しているのね」

これは、あるがままの子どもを認め、受け入れる親の愛情と信頼を伝える言葉です。**この言葉をかけてもらった子どもは、どんな自分も受け入れられるようになります。**つまり子どもは、親から生きる勇気を与えられることになるのです。

お小遣いを通してこんな素晴らしいギフトを与えられる子育ては、とても素敵だと思いませんか？

5 お小遣いを自分で管理できない子どもへの声かけ

✕「自分で管理できるようになるまで、お小遣いはあげません」

◯「一緒にお小遣い帳をつけてみようか」

お金を管理することは、生きていく上でとても大切な力だということは言うまでもありません。子どもの年齢や成長に合わせて、少しずつお小遣いの管理ができるように、家庭の中で練習していきましょう。

子どもが何歳になった時に自分で管理できていたら、親は安心ですか？　毎月1回お小遣いをもらえるとしたら、1年で12回その練習の機会がありますよね。長い目で見て、子どもの成長を期待しながら、親子で一緒に成長していけるゲームのように楽しく取り組んでいきましょう。

✕「自分で管理できるようになるまで、お小遣いはあげません」

できないことを禁止するこの対応は、子どもは罰を受けている気持ちになり、自尊心が傷ついてしまいます。

この経験が繰り返されると、未経験のことや、やれる自信がないことにはチャレンジしないという、消極的な子どもに育ってしまいます。

そこで、この声かけに変換してください。

「一緒にお小遣い帳をつけてみようか」

お小遣い帳の使い方を子どもと一緒に練習しましょう。

可視化することで管理しやすくなりますし、足し算や引き算などの練習にもなりますから、一石二鳥です。

そもそも、できないことができるようになるのは、素晴らしいことです。親はそれに手を貸しましょう。そうして、喜びを親子で共有することができれば、**子どもはみるみる積極的に様々なことにチャレンジする勇気を育てていきます。**

第10章

習い事

「副産物」と「興味」が選ぶ際には大事

子どもの習い事は、本当に数多くの種類があります。何歳から何を習わせたらいいのか、我が子に向いている習い事は何かなど、判断する基準に迷ってしまいますよね。

また、実際に習い事を始めてからも様々な問題があり、その都度どのように対応したら良いのかと、頭を抱えてしまいます。

ここでは、そんな子どもの習い事にまつわるお話をしていきましょう。

子どもの習い事を選ぶ時に大切にしたいのは、その習い事をすることで得られるものは何か、ということ。スキルはもちろんのこと、それ以外に得られるものは何でしょう？

例えば、スイミングを習うことで得られるものは、泳ぐスキルだけではありません。体力や持久力、目標に向かって努力すること、などが挙げられます。このように、**習い事には目には見えない副産物が数多くある**はずです。

よく、「将来に役立つ習い事は何でしょうか？」という質問をいただきますが、この質問は、習い事から得られるものをスキルだけに注目している証拠ですね。

泳ぐ技術が役立つ人生を送るかは分からないけれど、どんな場面でも、体力や持久力、目標に向かって努力する力は大いに役立つでしょう。

このように、スキル以外に得られるものにも注目してみると、習い事を選ぶことはもちろん、子どもとの向き合い方も変わってくるでしょう。例えば、我が家の息子は公文式に通っていましたが、後の受験に役立ったのは、**学力よりも作業力や集中力**だと思っています。

将来役に立つスキルかどうかという賭けのような考え方ではなく、広い意味でその習い事から得られるものにも注目し、選ぶようにしてください。

そして習い事を選ぶ時は、可能な範囲で**子どもが興味を持ったものがいい**ですね。子どもの表情や目の輝き、積極性を見れば一目瞭然だと思います。子どもは好きなことをする時は、時間を忘れるくらいの集中力を発揮します。

習い事を通して、スキルだけではなく、その副産物にも注目し、子どものやる気と能力を伸ばしていきましょう。

1 子どもが習い事を辞めたいと言った時の声かけ

✕「中途半端に辞めてはいけません。もう月謝は払ったんだから、ちゃんと続けなさい」

〇「辞めたくなっちゃったのね。もう満足したの？」

✕「中途半端に辞めてはいけません。もう月謝は払ったんだから、ちゃんと続けなさい」

せっかく始めた習い事を子どもが辞めたいと言い出したら、どう思いますか？　途中で辞めたら我慢のない子に育ってしまうのでは……と心配になる、という声を聞くことがあります。

辞めるのは良くない？　続けるのが正しい？　これら一般的な考え方にとらわれて、**子どもの気持ちに目を向けることをないがしろにしていませんか？**

「辞めたくなっちゃったのね。もう満足したの?」

辞めたい理由にもよりますが、親からは中途半端に見えても、子どもはここでの学びは十分満足した、と思っていることがあります。たとえ、ネガティブな理由で子どもが辞めたがっている場合でも、同じことです。

習い事を辞める時は、失敗と捉えるのではなく、得られたものに注目して満足ポイントを明確にすることで、成功体験とすることができます。

「この習い事で、どんなことができるようになった?」などと、子どもに尋ねてみましょう。もし子どもが答えられなかったら、親が示してあげてもいいでしょう。少なからずあ

るはずですから。このような物事の捉え方は、子どものその後の人生観に大きく左右します。

親の関わり方次第で、どんな出来事も「成功!」と捉えられる、ポジティブな心を育てることができるのです。

そういった意味でも、子どもが習い事を辞めたいと言った時は、そんな学びを授ける機会にできるのですから、ピンチはチャンスですね。

2 子どもが習い事を休みたいと言った時の声かけ

× 「いけません。月謝がもったいないから、休まずに行きなさい」

○ 「休みたい理由は何かあるの?」

学校には元気に行っているのに、習い事は休みたいと子どもが言い出したら、「行けるのに休みたいだなんて!」と、戸惑ったり、怒りが湧いてくることもあるでしょう。

とりわけ、習い事には月謝を払っていますから、正当な理由がない限りは休むことは避けたいですよね。もちろんそれが、子どもが習い事に責任を持つことでもあります。

✕「いけません。月謝がもったいないから、休まずに行きなさい」

「月謝がもったいない！」と、思わず言ってしまうことはありませんか？

しかしこの言葉は、**子どもが正直に理由を話す機会を奪ってしまっていることにお気づきでしょうか？** 子どもはきっと、親に怒られないようなもっともらしい理由を探すでしょう。保身の気持ちから、嘘をつくことだってあります。言うまでもなく、これでは解決しませんね。

○「休みたい理由は何かあるの？」

休みたい理由が習い事そのものにあるのか、それ以外にあるのかで、対応の仕方を変える必要があります。

いずれにせよ、元気に見えるからといって頭ごなしに叱ることは解決になりません。それに比べてこの声かけは、**子どもと正直に話し合える関係を作ることができます。**

この時、子どもに寄り添う気持ちで話してくださいね。セリフは同じでも、口調や表情で子どもは親の気持ちを敏感に読み取ってしまいますからね。

3 子どもが習い事をズル休みした時の声かけ

✕「ズル休みしてはいけません。次からちゃんと行きなさい」

〇「習い事に来ていないと先生から連絡があって、心配したのよ」

子どもが習い事をズル休みしたと分かったら、親はビックリ！　怒りが湧いてくる方もいるでしょう。ズル休みは信頼を損なうという意味でも正しい休み方ではありませんから、ここは正しくしつけていきたいですね。

✕「ズル休みしてはいけません。次からちゃんと行きなさい」

これは、ズル休みをすることがいけないと伝えていますが、なぜズル休みがいけないのか、親であるあなたには明確な答えがありますか？

正論や一般論だけで子どもをしつけたとしても、子どもは納得しません。なぜなら、子どもは自分事として捉えることができないからです。

自分事として捉えられなければ、ただ、「親に頭ごなしに怒られた」という記憶だけが残ってしまいます。せっかくのしつけの機会。これではもったいないと思いませんか？

○「習い事に来ていないと先生から連絡があって、心配したのよ」

まずは、心配したという親の気持ちを伝えましょう。

これは子どもを責めていないので、子ども自らが自分の行動の間違いに気づき、素直に反省する機会を与えることができます。そして子どもは、正しい行動に修正する勇気が育つのです。

親が感情に任せて怒りをぶつけるのとは違って、親の気持ちを正しく伝えられている点にも注目してください。この対応は、親も子も、どちらも尊重しながら問題の解決に手を貸しているのです。

4 ピアノの練習をせずにレッスンに行く子どもへの声かけ

×「練習しないから、いつまで経っても上達しないのよ」

○「どんな曲をいつまでに弾けるようになりたい？」

家で反復練習が必要な習い事は、修行のようで苦痛に感じることがあります。子どもが好きで始めた習い事でも、毎日続けるということには忍耐が必要です。

だからこそ、子どもが自主性を持って継続力を身に付けるのには、絶好のトレーニングになるともいえます。

ここではピアノのレッスンを例にしましたが、もちろん他の楽器でも同じこと。さらには楽器に限らず、反復の自主練が必要な習い事全般で、使える声かけになります。

✕「練習しないから、いつまで経っても上達しないのよ」

練習をしないことの不利益を伝えれば、子どもは練習をするようになるのではないかと、こんな声かけをしてしまいがちです。

でもこれで、子どもが毎日練習するようになったという話は聞いたことがありません。

むしろ、練習しない子どもと怒る親の堂々巡りで、親も子も良い気分になることはありません。

そこで、こんな声かけに転換しましょう。

○「どんな曲をいつまでに弾けるようになりたい？」

具体的な目標を設定すると良いでしょう。それに向けて実現可能な計画を立てていくの

です。

目標に向けて毎日コツコツ努力したことで得られた喜びは、子どもの財産になります。それに、大好きな親が寄り添って応援してくれたのであれば、なおさらです。

親はいつも子どもの隣で練習に付き合う必要はありません。むしろ、**子どもの自主性を育てるために、子どもに求められない限りは付き合わないほうが良いでしょう。**ただ、心から子どもを応援する気持ちを持ち続け、折に触れて伝えればいいのです。

5 習い事の宿題をしない子どもへの声かけ

✕「宿題をしないなら、月謝がもったいないから習い事を辞めなさい」

✕「ママが宿題を手伝ってあげるよ」

〇「宿題をやるなら習い事を続けられるけど、宿題をしないなら習い事は続けられないよ。どうする？」

宿題のある習い事、主に学習塾などが挙げられます。子ども自らが積極的に宿題をやってくれたら問題はないのですが、宿題をやらせるのも一苦労、というお悩みも多くあります。

この場合も、親の効果的な対応の仕方で責任感を育むトレーニングになるので、ぜひ参考にしてみてくださいね。

✕「宿題をしないなら、月謝がもったいないから習い事を辞めなさい」

✕「ママが宿題を手伝ってあげるよ」

これらの親の先回りの対応は、子どもを尊重しているとはいえません。これでは子どもの責任感はおろか、自尊心まで失ってしまいます。

なぜなら、**どちらも、子どもの能力を親が信じていないメッセージを送っている**からです。

〇「宿題をやるなら習い事を続けられるけど、宿題をしないなら習い事は続けられないよ。どうする？」

宿題をやることも、習い事に含まれており、その責任を果たすことができて初めて習い事を続けることができるという、正しい責任感の育み方になります。

ただしこれを、**脅すような口調で言っては意味がありません。穏やかに、だけど毅然とした態度で伝えるようにしましょう。**

そしてこの時、子どもがどちらを選んでも親は困らない、というスタンスが大切です。「辞められたら困る！」と思ったあなた。習い事の主体が親になっていないでしょうか？そのことを子どもはちゃんと見抜いていて、**わざと親が困る回答をして関心を引くこともありますから、要注意**ですよ。

6 習い事の先生に叱られた時の子どもへの声かけ

✕「何をやったの？」

✕「あなたが悪いから怒られて当然でしょ」

○「先生に叱られて悲しかったね」

習い事の先生に怒られたと親が知った時、親は動揺してしまいがちです。先生も含めて習い事を選んだ場合、「信頼しているあの先生に怒られるなんて」と、**事情を聞く前に子どもを疑ったりすることはありませんか？**

言葉に出さなくても、その疑いの気持ちは子どもに伝わるものです。

✕「何をやったの？」

✕「あなたが悪いから怒られて当然でしょ」

先生を信用したい、さらには先生を選んだ自分を信用したいという深層心理から自分を擁護するために、時には一方的に子どもに有罪判決を言い渡すことがあります。この対応が正しくないことを薄々感じていらっしゃるとしたら、それは自分自身を大切にしていないことになります。

ですから、子どもに効果的なしつけをするためにも、親が自分を大切にするためにも、正しい対応を心がけていきましょう。

○「先生に叱られて悲しかったね」

なぜ先生に怒られたのかが気になるところですが、**その理由を子どもに尋ねる前に、子どもの気持ちに寄り添って素直に話せる状況を作りましょう。**叱られて傷ついた子どもの気持ちを癒すことで、問題の真相が見えてくるはずです。

そしてその後、先生へのアプローチが必要かどうかを判断して、必要であれば解決に手を貸すのが良いでしょう。

7 習い事の先生との関係がうまくいかない子どもへの声かけ

× 「先生の言うことをちゃんと聞きなさい」

× 「お母さんが先生に電話してあげるね」

○ 「どうしたら先生とうまくやれると思う？」

習い事の先生との関係がうまくいかないのもあり得ることです。先生と生徒という関係の前に、人間対人間ですから、相性の良し悪しは避けられません。

大変悩ましい状況ですが、だからこそ、そこから学ぶことも多いのです。相性の良くない相手とうまく関係性を結ぶ術を工夫するトレーニングといえるでしょう。

✕「先生の言うことをちゃんと聞きなさい」

✕「お母さんが先生に電話してあげるね」

この声かけは、子どもと先生の関係性が良くない場合に、**親がどちらかの味方をしてしまっています。言うまでもなく、当事者は子どもと先生です。**親が先頭を切って対応することは、両者において信頼に欠けることだと理解しておきましょう。

○「どうしたら先生とうまくやれると思う？」

第一に、子どもが先生と良い関係を結ぼうとする意識を持てるようサポートをしましょう。

その結果、先生との関係性が改善すると良

いのですが、たとえうまくいかなかったとしても、**最善を尽くしたという経験と自信は、子どもの中に残ります。結果よりもこの過程に価値を見出して**、親はサポートしていけるといいですね。最初から改善することを諦めてしまうのとでは、雲泥の差ですから。

8 次から次へと新しい習い事を始めたがる子どもへの声かけ

× 「どうしてあなたはいつも飽きっぽいの？」

× 「どうせまたすぐに飽きるんだから」

○ 「いろんなことに興味があるのね。何をする時が楽しい？」

好奇心旺盛な子どもは、次から次へと興味関心が移り、あれこれやってみたくなります。これはとても良いことですが、習い事に関しては現実問題として時間もお金も限りがありますので、気軽に次から次へとやらせてあげるのは難しいですよね。

子どもを尊重することと、言いなりになることは別です。ただ、好奇心旺盛であることは紛れもなく子どもの長所ですから、その長所を活かして人生に役立てる方法を探していきましょう。

✕「どうしてあなたはいつも飽きっぽいの?」
✕「どうせまたすぐに飽きるんだから」

次から次へと興味関心が移る子どもを見ていると、なんて飽きっぽいのかと、一つのことを継続できないのではないかと心配になることはありませんか?

でも裏を返せば、これは好奇心が旺盛ということです。短所だと思っていたことは、実は長所だったということが往々にしてあります。**短所と見てしまうのは、親の心配が反映されていたり、子どもに信頼を置けず期待が薄い状態になっている証拠でもある**のです。

あなたは、未来のある子どもをどのように見て、どんな期待を抱けばいいと思いますか?

○「いろんなことに興味があるのね。何をする時が楽しい?」

様々なことに興味関心を示す子どもに、なんて素晴らしいのでしょう!と、まずは子どもの長所に目を向け称《たた》えましょう。もし心からそう思えないとしても、そういう捉え方もあるかな、程度でも良いのです。

興味関心は、様々な経験が待つ世界への扉の鍵を握っているようなものです。その鍵を、親のあなたが心配という理由から使わせないことは、本当にあなたが望んでいることですか？　**素晴らしい経験が待っているであろう、扉の向こうに飛び込む機会をどうぞ奪わないようにしてあげてくださいね。**

それは、**親にとっても素晴らしい経験**になります。**子どもがいるからこそできた経験や感動**を、思い出してみてください。これまでも既に、たくさん経験済みのことでしょう。

以上を踏まえ、まずはこの声かけで子ども自身に「好きなこと」や「やりたいこと」をはっきりと認識させます。

もし**習い事以外で体験できる方法がある場合は、可能であればやらせてあげるといいでしょう。子どもは、一度経験したことで満足することもあるからです。**

子どもがどうしても習い事として継続したいと訴えた場合は、**その習い事を始めるにあたって必要なこと（月謝の支払い、曜日や時間の確保、他の習い事との兼ね合い）などを説明します。**それでも本当にやりたい意思があるのかと確認した上で、習い事を始めさせましょう。

こういったやり取りは、**子どもを一人の人間として尊重しているという自尊心を大きく育てます。ですから、親だけで結論を出すことのないようにしましょう。**

もし、**家庭の都合などで習わせてあげられない場合は、「残念だけど今は習わせてあげられないの」と、その理由を子どもに分かるように説明すればいいのです。**

いずれにせよ、子どものやる気や自尊心を育むことに焦点を当てて、子どもと会話を交わすことが大切なのです。

第11章

きょうだいゲンカ

きょうだいゲンカからこそ学べるものがある

頻度や程度はそれぞれですが、兄弟姉妹がいる家庭ならきょうだいゲンカを経験しないことはないでしょう。

仲良くしてほしいと願う親は多いと思いますが、きょうだいゲンカはとても貴重な経験をする場です。

なぜなら、**子どもが人生で最初にリアルな価値観の違いを持った上で、お互いを尊重し合うことを覚える一連の練習ができる場**だからです。

ケンカをすることが良いことだと言っているわけでは、決してありません。きょうだいゲンカからこそ学べるものがある、という意味で貴重な経験なのです。

ここではそんな、きょうだいゲンカを学びの経験にする親の考え方や関わりを考えていきましょう。

1 親の前できょうだいゲンカが起きた時の声かけ

× 「やめなさい！」

× 「どっちが悪いの？」

× 「誰から先に仕掛けたの？」

○ 「違う部屋でケンカをするか、この部屋にいるならケンカをやめるか、どちらにする？」

きょうだいゲンカの多くは、実は、親の関心を引きたくて起きているという事実を知っていますか？　その場合、親がその場を離れたら、きょうだいゲンカも親を追って移動します。

「そんなことありません！　うちの子どもたちは本当に仲が悪くて……」、そう言っていた方が「本当に移動しました！」と、笑いながら報告に来られることも珍しくありません。

×「やめなさい！」

×「どっちが悪いの？」

×「誰から先に仕掛けたの？」

いずれの対応も、子どもが親の関心を引くのに成功したと確信するものだというのは、もうお分かりですね。今日から、そんな子どもの誤った認識を生む関わり方から卒業しましょう。

○「違う部屋でケンカをするか、この部屋にいるならケンカをやめるか、どちらにする？」

これは、きょうだいゲンカをする権利を認めています。

と同時に、親が快適に過ごす権利も主張しています。

ケンカをする子どもたちと親。どちらかが犠牲になることなく双方を認めるやり方です。

これ以上に現実的で効果的な対応があるでしょうか。

2 子どもが告げ口に来た時の声かけ

×「あなたが先に悪いことをしたんじゃないの？」

×「ママが叱ってあげるね」

×「喧嘩《けんか》両成敗なのだから、告げ口しないの！」

○「ママに叱ってもらいたくて告げ口に来たの？」

きょうだいゲンカの定番である告げ口も、上手に対応すれば貴重な学びの体験になります。

子どもはどうして告げ口に来るのか、考えたことはありますか？「親の関心を引きたい」「自分が悪くないことを訴えたい」「相手を悪者にしたい」などの理由が考えられます。

いずれにしても、**告げ口に乗って一時的に親が解決したように見えても、根本的に解決することはありません。その証拠に、次から告げ口がなくなることはありませんよね。**

×「あなたが先に悪いことをしたんじゃないの？」

×「ママが叱ってあげるね」

×「喧嘩両成敗なのだから、告げ口しないの！」

子どもが告げ口に来た時、瞬時に頭の中で「どう対応するか」と考えることはありませんか？　これこそが、子どもが告げ口に来る理由なのです。

そう、**親をきょうだいゲンカに巻き込みたいのです。この親の反応は、見事に子どもの思惑通りになっている証拠**といえます。

○「ママに叱ってもらいたくて告げ口に来たの？」

これは、子どもの思惑を代弁しています。加えて、親は子どものケンカに巻き込まれないことを示しています。

これを初めて言われた子どもは、キョトンとするでしょう。いつも通り親を巻き込めると思ったのに、まるで巻き込めないこの対応に戸惑っている証拠です。**何度告げ口に来たとしても、この対応を貫きましょう。そして一言、こう付け加えるのです。**

「二人ならきっと、自分たちで解決できると思うよ」

この対応をした家庭からは、子どもが告げ口に来ることがなくなった、しかも、きょうだいゲンカそのものが格段に減ったという報告をいただきます。ぜひ、試してみてくださいね。

3 きょうだいゲンカで暴力が始まった時の声かけ

× 「やめなさい！」

○ 「暴力をやめて口ゲンカをするか、ケンカをやめるかどちらかにしてね」

きょうだいゲンカがヒートアップして暴力が始まった時は、直ちに止めるようにしてください。近くに危険なものがある時も同様です。危ない場所、危ない物、危ないこと。それらが関係するケンカは、例外なく止めるようにしましょう。

以上を前提として、親の対応を考えていくことにします。

✕

「やめなさい！」

思わず親も大きな声が出る状況ではありますが、この対応が実は、ケンカをいっそう加熱させるということに気づいている方はほとんどいません。**やめさせる言葉を発しながらも、実は子どものケンカに巻き込まれてしまっている**のです。

では、どんな対応が好ましいのでしょうか？

〇

「暴力をやめて口ゲンカをするか、ケンカをやめるかどちらかにしてね」

ケンカの間に割って入って暴力を止めながら、口では冷静にこのように言うようにしましょう。

この場合、**「暴力は絶対にいけない」と止めていますが、「ケンカをする権利そのもの」は認めています。**そして、子どものケンカに巻き込まれてもいません。

この時も、**「子どもたちは、自分たちで解決することができる」という信頼の気持ちを忘れないようにしましょう。**

4 年の差のあるきょうだいがケンカを始めた時の声かけ

✕「お兄ちゃんなんだから……」

○（年齢差のことは一切言わない）

年の差のあるきょうだいもケンカはします。よくあるのが、年下のほうが年上のほうに、ちょっかいをかけるパターンです。年の差があると体の大きさや能力の違いから、ケンカはフェアに感じないので、親の対応にもひと工夫必要になります。

✕「お兄ちゃんなんだから……」

きょうだいゲンカに限らず、よく聞く言葉です。これは**年上の子どもにしたら、納得がいかない**のはもうお気づきですよね。年下の子どもからケンカを仕掛けたとしたら、なおさらのことです。

また、年下の子どもにとっても、**年下という立場を利用して親を利用するという誤った経験を積むことになり**、両者にとって良い学びを得ることはありません。

正解は、年の差に注目せずに対応すること。もちろん、体格や能力の差があるのは事実ですから、止めなければならない場面もあるでしょう。

この時、**年の差がある人とうまく人間関係を結ぶ練習をしているのだと、親は子どもの能力を信頼して対応することが大切になります。**

5 異性のきょうだいがケンカを始めた時の声かけ

× 「女の子には優しくしなさい」

○ （性別のことは一切触れない）

異性のきょうだいゲンカは、体格や力に差があることから、対等なケンカとして扱われない場合があります。

女の子が不利だと思う親が多いようですが、果たして本当にそうなのでしょうか？　大人の誤った認識で、子どもに間違った経験を積ませないことが大切です。

✕「女の子には優しくしなさい」

お気づきのように、この言葉は裏を返せば、**男の子には優しくしなくて良いと言っているのと同じ**です。**男の子にとっては、大変理不尽**ですよね。

また、**女の子にとっても、性別を利用して悪事を働く知恵を授けてしまっているようなもの**ですから、男の子にとっても女の子にとっても、誤った認識を与えてしまうことになります。

性別については、一切触れないのが正解となります。

この場合、「平等」と「同質」を混同しないように気をつけましょう。平等とは、権利が等しく与えられ、偏りや差別がないこと。同質とは、同じ性質を持つということです。男女は、平等ですが同質ではありません。体の構造や性質が全く違います。ですから、**同質ではないことを念頭に置きながらも、平等に対応することが大切**です。この教育は、お互いの違いを尊重し合うことにつながる、かけがえのない経験になります。

6 きょうだいゲンカが収まった後の声かけ

✕「きょうだいなんだから仲良くしなさい」

✕「どうしていつもケンカばかりするの？」

〇「仲直りはできた？」

きょうだいゲンカが収まって静かになると、「やれやれ、やっとケンカが収まった」と、ホッとしますよね。この時に、意図的に成長を促す声かけをしようと、考えたことはありますか？

親は往々にして、きょうだいゲンカには注目しますが、ケンカが収まって静かになった後には関心を示さない傾向にあります。**きょうだいゲンカが収まった後の声かけでも、子どもの健やかな成長を促すことができます**ので、ぜひ参考にしてくださいね。

✕「きょうだいなんだから仲良くしなさい」

✕「どうしていつもケンカばかりするの？」

きょうだいゲンカは親にとっても気分の良いものではないので、「やれやれ、やっと収まった」と、こんな小言も言いたくなるものです。
でもせっかく言葉を発するなら、子どもの成長に意味のあるものに変換しましょう！

「仲直りはできた？」

これはケンカそのものではなく、**仲直りをすることに価値があることを伝えるメッセージ**です。

「あなたたちは、**自分の力で解決することができたのね」と、能力に対する信頼を伝えられます。**このことは、子どもたちにとって自信につながります。そしてこの経験から、どんな問題も自力で解決できるのだという、自己肯定感も育まれます。

ですから、ケンカの数だけ仲直りも経験できることが理想です。大人の手を借りずに自分たちで解決できたことは、子どもにとっては大きな成功体験となるのです。

第12章

反抗期

反抗期は正常なことであり、子どもも傷ついている

いわゆる第二次性徴のホルモンバランスの乱れからくる精神的に不安定な時期を、一般的に反抗期と呼びます。体も大きくなった子どもの反抗的な言動に、どう対応したら良いか分からないという、思春期のお子さんを持つ親からのご相談はとても多いです。

子どもの反抗期に、親が傷つくことも大いにあります。**反抗期がくるのは正常なこと**ですが、自分や人を傷つける正当な理由にはなりませんよね。

それに、傷ついているのは親だけではありません。**反抗する側の子どもも、心の奥底で親と同じかそれ以上に傷ついている**のです。ですから、正しい対応の仕方を身に付けて、この不安定な反抗期という時期を乗り越えていきたいですね。

具体的な策としては、不安定な感情を表現する技術を身に付けること、それを素直に表出できる親子関係を築いていくこと、などが挙げられます。

では、反抗期に避けたい声かけと、効果的な声かけについて紹介していきましょう。

1 乱暴な言葉遣いをする子どもへの声かけ

✕「親に向かってその言葉遣いは何ですか」
○「乱暴な言葉遣いを聞くと、お母さん悲しくなるの」

反抗期になると、言葉遣いが乱暴になる子どももいます。「一体どこで覚えたのだろう」とか「誰の影響だろう」とか、親は子どもの外側に原因を探しがちです。

しかし、乱暴な言葉を使うと決め、実際に使っているのは子ども自身です。親は、目の前の子どもとしっかり向き合っていく姿勢と覚悟が必要です。

✕「親に向かってその言葉遣いは何ですか」

乱暴な子どもの言葉遣いに思わず反応して、このように応戦してしまうこともあるでしょう。でもこれでは、**火に油を注ぐようなもの**です。子どもは改めようとするどころか、余計に乱暴な言葉を使うようになる可能性もあります。

そんな時は、次のように言ってみましょう。

◯「乱暴な言葉遣いを聞くと、お母さん悲しくなるの」

一言、こう言って親は自分のやるべきことに集中しましょう。これは、**子どもの人格を否定しないまま乱暴な言葉だけを否定すると同時に、親の気持ちを素直に伝えています。**説教をしたくなっても、この言葉に留めておくことが大切です。

また、こんな時は、**親の傷ついた心を癒す、ちょっとしたアイテムを用意しておくのがお勧め**です。例えば、子どもの小さなころの写真をスマホの待ち受けにする、こんな時のために隠しておいた好きなおやつを食べる、好きなアイドルの動画を観る、など。このちょっとした工夫だけでも、意識や気分を切り替えることができ、必要以上に傷つけ合うのを避けることができるのです。

2 反抗的な態度の子どもへの声かけ

✕「親に向かってその態度は何ですか」

◯「お母さんのことが気に入らないのね」

何かと反抗的な態度を示す子どもに、良い気分になる親はいません。正常な成長過程とはいえ、我慢比べのような毎日に、早く反抗期が終わってほしいと願う親も多いでしょう。

このような時も、子どもにとっても親にとっても、効果的な関わり方をすることができます。

×「親に向かってその態度は何ですか」

いくら反抗期と分かっていても、理不尽に反抗的な態度を取られると、こうも言いたくなります。反抗期が長期にわたると中には、犠牲を受けているとまで感じてしまうこともあるでしょう。

しかし、犠牲になっていると感じるのを防ぐことができます。それは、どちらの権利も尊重する親子の関わり方です。これにはテクニックが必要になりますから、次の言葉がけを参考にしてくださいね。

○「お母さんのことが気に入らないのね」

このように**親が子どもの気持ちを代弁することで子どもは冷静になり、自分の気持ちと向き合うことができます。**なぜなら、この子どもの心と言葉を一致させる声かけは、親の評価や判断を含まず、**ただ子どもの気持ちと誠実に向き合っているから**です。そして、反抗したくなる気持ちを、態度ではなく言葉で表出する術を示す手本となっています。

このように、親の対応から子どもが癒され、学ぶことは多いのです。

反抗的な子どもに対してとっさにこの対応をするには、親のトレーニングが欠かせませんが、とても価値のある教育ですので、ぜひ習得していただきたいと思います。

3 話しかけても無視をする子どもへの声かけ

✕「無視しないの！　返事をしなさい!!」

〇「今日のご飯は何にしようかな」

いくら反抗期とはいえ、話しかけても無視をされるのは、誰だって気分の良いものではありません。思わず、

✕「無視しないの！　返事をしなさい!!」

このような声かけをしたくなりますが、子どもの無視にこだわって反撃をすると、言い

争いになるのは目に見えています。

　この場合、言葉に執着しないことをお勧めします。これまで子どもを育ててきて、こんな時に我が子がどんな返事をするかは、おおよそ想像がつくと思います。では、どんな対応が良いのでしょうか？

「今日のご飯は何にしようかな」

　言葉でのやり取りにこだわらないのが良いでしょう。**コミュニケーションスキルの中で、言葉の占める割合はわずか7％**といわれています（メラビアンの法則）。言葉が全てではありません。

　それを念頭に置いて、親はぜひ、**「そんなあなたも愛しているよ」**というメッセージを

子どもに送ってくださいね。

そして、鼻歌をふんふんと、**ご機嫌でいること。それが親であるあなた自身の心を守ることになりますよ。**

ただこれは、親の心を守る意味での対応です。**無視をすることで起きる当然の結果を子ども自身が体験することも、大切な学びになる**ことを知っておいてくださいね。

4 気に入らないことがあるとすぐに怒る子どもへの声かけ

× 「きっと、反抗期なのよ」

○ 「怒りたくなっちゃうのね」

自分の都合ですぐに怒る子どもの態度を見ると、やれやれと落胆したり、怒り返したくなります。家の中の雰囲気も悪くなるし、いつまでこれが続くのかとうんざりな気持ちにもなるでしょう。

こんな時も、効果的な対応を考えていきましょう。

×「きっと、反抗期なのよ」

反抗期だから、という言葉は巷《ちまた》でもよく耳にします。言い訳や、やり場のない気持ちの落としどころからこんなことを言ったりします。でもおおらかに見守るという意味ではいいのですが、実はこれが**子どもの成長につながらないことは明らか**なのです。

そのようなもっともらしい言い訳で子どもや自分自身（親）を納得させることなく、次の効果的な対応を試してくださいね。

○「怒りたくなっちゃうのね」

自分でコントロールが利かない子どものイライラした気持ちに、親が理解を示すメッセージです。近くにいる家族も不快な思いをしますが、常に精神的に不安定でイライラする子ども自身も、とても辛いものです。

「乱暴な言葉遣いをする子どもへの声かけ」（P235）で前述したように、親の心を守る工夫を施しながら、できる範囲で子どもに寄り添ってください。

この**反抗期という子どもが大きく成長する期間を、家族で学びの多い大切な時期と捉えて**、乗り越えていきたいですね。

5 自室に引きこもって出てこない子どもへの声かけ

✕「ロクな大人にならないよ」

〇「困っていることはない？」

思春期は、自分だけの世界を持ちたくなる時期でもあります。これは、親に守られてきた時代から、自立に向かっているサイン。そして、子どもが自分自身と向き合う期間でもあります。

心配な気持ちになるとは思いますが、どうぞ、子どもの成長に期待する気持ちを忘れず、根気よく関わってくださいね。

✕「ロクな大人にならないよ」

引きこもる子どもを見ていると、この先社会に出てやっていけるのかと、親としては心配でたまらなくなるでしょう。その心配の気持ちから発せられる言葉ではありますが、子どもには脅しのメッセージとして伝わってしまいます。

脅される自分は価値がない、と子どもが受け取ってしまわないように、次のような声かけに変換しましょう。

「困っていることはない？」

部屋にこもるという選択をした子どもの気持ちを想像してみましょう。「このまま部屋にこもっていたい」と考えるかもしれませんが、**「このままでいい」と考える子どもはほとんどいません。子どもなりに将来のことを考えている**ものです。

そんな子どもの気持ちに寄り添って、**引きこもるという選択をした子どもを尊重しながらも、できる限りのサポートをするという親の思いを伝えましょう。**子育てにおいて、問題が大きければ大きいほど、「それでもあなたは、素晴らしい価値がある人間だ」と伝えられる機会だと、覚えておいてください。

決して親のあなたが、子どもの言動や選択で、子どもの人間としての価値を下げてしまわないようにしましょう。

このことは、親自身にも言えることです。あなたも子どもも、どんな問題が起きようとも、かけがえのない存在だということに変わりありません。

第13章

トラブル

トレーニング次第でトラブルは楽しめるようにもなる！

第11章で「きょうだいゲンカ」、第12章で「反抗期」をどうするかを考えてきました。本書もいよいよ最後の章。この第13章では、それ以外の子育てで「あるある」のトラブルを、声かけでどう乗り越えていくのかを解説します。

子育てにトラブルはつきものです。子どもとの生活は、想定外の出来事の連続、と言ってもいいかもしれませんね。他人事なら、「決まりきった日常よりよほどドラマチックね」なんて言えますが、毎日の自分事となると「勘弁して〜」などと思うことも多いでしょう。

経験が浅く、好奇心旺盛な子どもの行く先々は、思いがけない出来事で溢《あふ》れています。しかし、ピンチはチャンス！　これまでも見てきた通り、**ハプニングやトラブルからは学ぶことがたくさんあります。**

思わぬトラブルが起きた時の対処の仕方を、子どもに授けてあげることができるのです。親子の関わりが密接な時期に、たくさんのピンチをチャンスに変える経験を積むことは、その後の子どもの人生において大きな自信と力になります。これこそが親が子どもにプレゼントできる、かけがえのないギフトではないでしょうか。

ぜひトラブルを、前向きに捉えてみてくださいね。**トレーニングを積んでいくうちに、トラブルを楽しむ余裕もできてきます**から、ぜひ参考にしてみてください。

① 子どもが転んだ時のとっさの声かけ

✕「大丈夫。泣かないの！」

✕「前を見て歩きなさいって、いつも言っているでしょう！」

✕「ドジな子ね」

○「痛かったね。大丈夫？」

子どもが転んだ時、とっさにどんな対応をしますか？　転んで痛い思いをしている子どもにあなたがかけた言葉を子どもが学んで、**お友だちが転んだ時にその言葉を子どもが使っていたらどう思いますか？**

そんな視点で、子どもが親から学習していることを意識してくださいね。**親だから許さ**

れる、という理屈は通用しませんよ。

✕「大丈夫。泣かないの！」

✕「前を見て歩きなさいって、いつも言っているでしょう！」

✕「ドジな子ね」

転んだお友だちに我が子がこんな言葉をかけていたら、あなたはどう感じますか？「なんてひどいことを言うの！」と、ビックリするのではないでしょうか。**子どもがお友だちにかけてほしい言葉を、日ごろから親が見本を示していけるといいですね。**

〇「痛かったね。大丈夫？」

どんな状況でも優しく寄り添ってもらった経験をした子どもは、人に優しくする心の余裕が生まれます。困った時に寄り添ってもらったなら、なおさらです。子どもは、自分がされて経験したことは自然とできます。

こんな声かけができる子どもの周りには、素敵な人が集まると思いませんか？ 素敵な人間関係が構築される基本である、優しく寄り添う声かけ。家庭でたくさん経験してくださいね。

2 子どもがケガをした時の声かけ

×「大したケガじゃないから大丈夫よ」
○「痛かったね」

子どもがケガをした時、その程度には個人差がありますが、親の対応次第であまり痛がらなくなったという経験を耳にします。

これは、どういうことなのでしょう?

×「大したケガじゃないから大丈夫よ」

おまじないのようにこんな言葉をかけることもあるでしょう。

大丈夫なことにしたい気持ちは分かりますが、でもこれは、**大人の勝手な言い分で、子どもの立場になっているとはいえません。**大丈夫かを決めるのは、ケガをした本人ですよね。

「痛かったね」

どんな小さくても、ケガはケガ。程度はあれど、痛いことに変わりありません。それに何よりも、子どもは痛い思いをしたことを親に分かってほしいのです。

ですから**この言葉をかけてもらい、親に理解してもらえたと感じた子どもは、必要以上に痛がることがなくなる**のです。**ケガの手当てだけではなく、同時に心の手当てもしてあげることをどうぞお忘れなく。**

3 友だちの悪口を言う子どもへの声かけ

×「友だちの悪口を言うのは良くないよ」

×「あなただってお互い様でしょ？」

×「悪口を言うなら付き合うのをやめなさい」

○「あの子のこと、怒っているのね」

子どもが人間関係に悩んだ時、悪口として表現することがあります。

友だちの悪口を言っているのを聞くと、我が子がトラブルに巻き込まれないか、人間関係がうまくいかなくて傷つくのではないかなどと、親は心配になりますよね。

×「友だちの悪口を言うのは良くないよ」

×「あなただってお互い様でしょ？」

×「悪口を言うなら付き合うのをやめなさい」

そんな心配な気持ちから、このようなアドバイスをしたくなることもあるでしょう。これは**どれも正論ではありますが、子どもの中の正解ではない**ことにお気づきでしょうか？

必ずしも正論が解決につながるとは限らないということを、知っておきましょう。時に、正論が心を傷つけることさえもあります。

では、どんな声かけが良いのでしょうか？

⭕「あの子のこと、怒っているのね」

これが、子どもの中の正解なのです。

子どもの中の正解を親が認めてあげることで、子どもは正しい解決方法を探す勇気を持つことができます。さらには、それを行動に移す勇気まで与えられます。

この対応が、どんな正論を並べるよりも、現実的な解決につなげられる方法なのです。

ぜひ試してみてくださいね。

4 嘘をつく子どもへの声かけ

❌「嘘つきは泥棒の始まりだよ」

✕「嘘をつくなんて最低」
✕「どうして嘘なんかつくの？」
○「そうなのね」

子どもの嘘に敏感に反応し、何が何でも子どもの嘘をやめさせなくてはと、必死になった経験はありませんか？

また、子どもの嘘にどう対応したら良いか分からない、とお手上げ状態になったことがある方もいらっしゃるでしょう。

子どもはなぜ嘘をつくのか、その理由から探ることで、ベストな対応を考えていきましょう。

✕「嘘つきは泥棒の始まりだよ」
✕「嘘をつくなんて最低」
✕「どうして嘘なんかつくの？」

親が子どもの嘘に敏感に反応すればするほど、嘘をつかなくなるどころか、子どもはま

すます嘘つきになってしまいます。なぜなら、その親の反応こそが子どもにとってはご褒美だからです。たとえひどく怒られたとしても、です。

つまり、嘘をつく子どもは、嘘に反応してもらえた経験がある、ということなのです。

○「そうなのね」

子どもの嘘に過剰に反応しないように心がけましょう。**嘘に反応してもらえない、嘘をつく必要がない、という経験を重ねることが、子どもに嘘をやめさせる唯一の方法**なのです。

「そうなのね」と、さらりと言った後は、**ガラッと話題を変えましょう。**できれば、子どもが楽しくなるような話題や、子どもが良いことをした話題が良いですね。子どもの良い面に注目する経験を増やすことも、嘘をなくす効果的な対処法です。

5 ちょっとしたことですぐに泣く子どもへの声かけ

×「すぐに泣かないの」

✕「あなたは本当に泣き虫ね」
○「悲しくなっちゃったね」

ちょっとしたことで泣く、泣き虫な子ども。親は、子どもが泣くと面倒なことになるから と、泣かさないようにと必死になってしまいがち。でもこの対応で、状況が良くなった経験ができた親は、あまりいないでしょう。

そんな泣き虫な子どもは、自分の気持ちや意思を泣くことで表現しているのです。言い換えると、泣いて伝える表現方法をこれまで身に付けてきており、泣くことに頼ってしまっているということなのです。

それは、泣くことで親や周りの人が反応し構ってくれた経験から。よって、**泣く以外の表現方法を身に付けることで、泣き虫を改善することができます。**

✕「すぐに泣かないの」
✕「あなたは本当に泣き虫ね」

これらは、**子どもが泣くことに親は反応していますから、子どもは泣いて表現すること**

にますます頼ってしまいます。泣き虫を直したいと思っている親にとっては、逆の効果を生んでしまっていますね。

そこで、次のような声かけに転換しましょう。

〇「悲しくなっちゃったね」

子どもの気持ちをたくさん代弁してあげるようにしましょう。これは、**気持ちを言葉で表現する見本になり、泣く代わりに言葉で伝えることを子どもが学ぶとても良いトレーニングになります。**

自分の気持ちをありのまま伝えられる子どもは、ストレスを抱えにくく、良好な人間関係を築くことができます。

気持ちを言葉で伝え合う、心の通ったコミュニケーションを家庭でたくさん展開してくださいね。健やかな成長と、確かな親子関係の構築につながりますから。

おわりに

この度は本書を手に取ってお読みくださり、ありがとうございました。最後に、本書に寄せる想いを書かせてください。

かつて、大学病院で看護師として働いていた時、患者さんとそのご家族との、たくさんの出会いと別れがありました。

私の働いていた小児科病棟は、24時間家族の付き添いが認められていたため、看護師という立場ではあるものの、患者さんはもちろん、そのご家族とも生活を共にしているような関係になります。

特に小児がんの患者さんが多く入院する病棟だったので、入院期間は短くても半年。長い患者さんですと、10年以上のお付き合いになります。看護ケアを通して、患者さんやその家族とたくさんの時間を共にしてきました。

幼い子どもが治療に立ち向かう姿は、何とも言い難い感情に苛《さいな》まれます。病院は治療の場でもあると同時に、生活の場でもあるのです。

赤ちゃんだった子どもが言葉を話すようになったり、ハイハイをし、歩くようになったり。病院内での入学式や季節の行事。一つ一つの成長の場面に、ご家族と喜びや感動を共有する日常でもありました。


そんな現場で、私には20年以上経った今も忘れられない患者さんとの別れがありました。それはSくんとの別れ。生後間もなく小児がんを発症し、9歳になっても入退院を繰り返していました。

人生のほとんどを病院で過ごしてきたSくんにとっては、大人でも耐えがたい治療や検査も日常。どんなに痛みを伴う検査や処置にも、泣くことも嫌がることもないどころか、いつも笑顔を絶やさない少年でした。

ある平日の昼下がり。そんなSくんとついにお別れの時が来ました。壮絶な現場で、もがき苦しむSくんが最後の力を振り絞ってお母さんに向かって言いました。

「お母さん、ぼくもう、頑張らなくていい？」

そんなS君くんにお母さんが最後にかけた言葉。

「ダメ！　頑張りなさい‼」

もちろん、このことについても、Sくん親子の関係についても、私が意見する立場にはありません。それでも、何とも言い難い感情が20年以上経った今もずっと心に引っかかっているのです。

そして、こういった場面をSくん親子のほかにも幾度となく見てきました。一方で、どんなに幼くても、家族で感謝とお別れの言葉を交わして、穏やかに最期の時を迎える患者さんがいるのも事実ですが。

私はこれまで、医療や心理の仕事を通して1万人以上と出会い、心身の健康のサポートをしてきました。

そんな私が、心から思うこと。

「大人も子どもも、誰もがあるがままでいい」

「誰もが、自分自身の人生を生きてほしい」

子育ては、たくさんの継続的な時間と労力、そして何よりも心を使います。喜び、感動、楽しみ、幸せ、迷い、心配、怒り、不安、孤独感、罪悪感、未来への恐怖……。

子育てをしなければ一生経験しなかったかもしれない多くの感情を日々味わいながら、待ったなしの子どもの成長に寄り添い、自分の人生の多くの時間とエネルギーを捧げていくことになります。

そして、子育ては親子が向き合うだけでなく、同時に、親も子も、自分自身と向き合う作業でもあります。

それならば、子育てが楽しければ、人生は必ず楽しいと思えます。子育てが満足なものならば、お互いの尊い命を尊いものとして大切に扱い、人生を輝かせることができる！

そう確信し、たくさんの親子との出会いを重ねる中で、今日まで究極の子育てを追求してきました。その一つであり、大きな成果を出してきたのが、本書でテーマとした「信頼声かけ」だったのです。

子育ては、少しの知識とテクニックを身に付けることで、いかようにも楽しく満足なものになります。

子育てを通して心から「自分が大好き！」「私に生まれてきて良かった！」、そんなふうに思える親子を一人でも多く増やしたい。

その思いから、本の出版という挑戦に至りました。

「私の子育ては世界一楽しい！」。本書を手に取ってくださった方を、そんな未来に誘うことをイメージして、書き進めました。


そして実は、本書には、大きな副産物が隠れています。それは、全ての人間関係に通用する、ということです。

私が主催する育児セミナーに来られる方の子育てのお悩みは、人それぞれ違います。ですが、セミナーが進むにつれて、皆さん決まって口にされるご感想があります。それは、「気がついたら、全ての人間関係が良くなっていた！」ということ。

夫婦関係、ママ友との関係、職場での人間関係など、あらゆる人間関係で悩むことが格段に減った、というのです。


中には、こんな受講生さんもいました。それは、長年にわたって夫婦関係に悩み、熟年離婚を決意したという70代の女性。離婚後は幼子を育てる娘家族と同居するつもりだと、孫のために子育てセミナーを学びたいと受講されました。

ところがセミナー開始から2か月ほど経ったころ、会の冒頭で彼女がこんなことを話してくれました。

「主人と、お互い名前で呼び合うようになり、30年ぶりにデートをしました！」

これには、他の受講生さんたちもビックリ！

セミナーが全工程終わるころには、熟年離婚に悩んでいた彼女はどこへやら。メイクもファッションも若返り、晴れやかな表情で卒業されました。


子育ては、決して一人ではできません。子どもや親、そしてその家族に関わる方は、関係性の違いはあれど、みーんな子育てのチームなのです。

本書を繰り返し読んでいただくことで、自然と考え方や声かけのテクニックが身に付きます。子育てはもちろん、いろいろなシーンで使っていただけて、良好な人間関係を築くことができ、さらには、素敵な子育てのチームができていきます。そんなふうに育んでいただけたら、嬉しく思います。

本書を完成させるにあたっては、たくさんの方のお力添えをいただきました。楽しく可愛らしいイラストを添えてくださった、一児の母でもある、こげのまさきさん。初めての出版で右往左往する私を常に優しく導いてくださった、編集担当の杉浦博道さん。たくさんの知識を授けてくださり、トータルでサポートしてくださった、著者の大先輩でもある、吉田幸弘先生。いつも応援してくれる、愛する家族。これまで出会ってきた全ての子どもたちとそのご家族。

そして……、今も私の原動力になっている、一足も二足も早くお空に帰った、小さな天使たち。いつかまたあなた達に会う時、私は「頑張ったでしょう！」と、とびっきりのドヤ顔で登場する予定です。その日までどうぞ、見守っていてね。

2025年2月　下村弥沙妃

３日で自発的に動く子になる！信頼声かけ

2025年3月13日　第1刷発行

著　者　下村弥沙妃
イラスト　こげのまさき
発 行 人　川畑 勝
編 集 人　中村絵理子
編集担当　杉浦博道
発 行 所　株式会社Gakken
〒141-8416　東京都品川区西五反田2-11-8
印 刷 所　三松堂株式会社

●この本に関する各種お問い合わせ先
本の内容については、下記サイトのお問い合わせフォームよりお願いします。
https://www.corp-gakken.co.jp/contact/
在庫については　Tel 03-6431-1250（販売部）
不良品（落丁、乱丁）については　Tel 0570-000577
学研業務センター　〒354-0045　埼玉県入間郡三芳町上富279-1
上記以外のお問い合わせは　Tel 0570-056-710（学研グループ総合案内）